民俗经典

节日览胜

徐忱 著

中国文史出版社

目录

第一章　节日絮语

> 爆竹声中一岁除，
> 春风送暖入屠苏。
> 千门万户曈曈日，
> 总把新桃换旧符。

　　每当吟起北宋王安石的这首《元日》，我们便会感受到春节的喜庆气氛。"爆竹声""屠苏酒""新桃符"，这些春节独有的符号总能唤起我们对合家团聚的渴望。团聚是春节的一个社会作用。千百年来，这种社会作用对中国社会家庭和族群的团结与繁衍贡献颇大。春节如是，其他节日亦功不可没。既然节日有这么大的作用，我们就应该对它们多些了解。要想了解它们，我们首先要知道节日的起源。那么，节日是从何而来的呢？

一、干支与农历

　　节日，不言而喻，当然与日期有关。而最早日期设定，则与历法有关，这就是我们通常所说的农历。

　　相传，最早的农历始于黄帝。公元前2697年，黄帝建国，蚩尤挑

蚩，双方大战涿鹿，尸横遍野，流血百里。黄帝忧民，于是斋戒沐浴，筑坛祀天。天神感动，乃降下十天干和十二地支。

轩辕黄帝像

十天干：甲、乙、丙、丁、戊、己、庚、辛、壬、癸。

十二地支：子、丑、寅、卯、辰、巳、午、未、申、酉、戌、亥。

有了天干和地支，黄帝便命史官大挠制定历法。大挠将天干地支互相排列，编为甲子、乙丑、丙寅……共六十对，把黄帝开国日定为甲子年、甲子月、甲子日、甲子时。这是天干地支年历法的由来。

天干地支真的是天降的吗？当然不是。那么它是谁创造的呢？众说纷纭。《吕氏春秋·勿躬》说："大挠作甲子。"《山海经·大荒南经》记载："羲和者，帝俊之妻，生十日。"《山海经·大荒西经》则说："有女子方浴月，帝俊妻常羲，生月十有二，此始浴之。"虽然无法准确知道天干地支的创造人是谁，但这并不影响人们使用它。自从有了天干地支，中国人便有了纪年、纪月、纪日的方法，真正的农历也就诞生了。

农历，又称夏历、阴历，是中国乃至东业国家的传统历法。农历，是阴阳历的一种。阴阳历是兼顾太阳、月亮与地球三者关系的一种历法，它以月亮绕地球一周为一个月。由于设置了闰月，阴阳历的年平均天数与回归年的天数一致、与月相相符，也与地球绕太阳周期运动相符。它的缺点是历年长度相差过大、制历过程复杂、不便于记忆。那么，第一份农历起源于何时呢？

农历的起源已不可考。目前已知的夏历——《夏小正》，相传为夏代遗留之物候及农事历书，成书不晚于春秋时代（公元前8世纪至公元前5世纪）。《夏小正》按十二个月的顺序分别记述了每个月的星象、气象、物候以及应该从事的相关农业活动。

正月的星象，《夏小正》记载："鞠则见，初昏参中，斗柄县在下。"这句话的意思是说："在正月里，可以看到柳星。黄昏时，漫天星星，北斗星也悬在其中。"

正月的祭祀，《夏小正》记载："初岁，祭耒，始用晹。"意思是说："一年之始，先祭祀农具、农神，然后备耕。"

《夏小正》是中国最早的月令专著，那么中国古代还有其他的历法吗？当然有。《后汉书·律历志》记载："案历法，黄帝、颛顼、夏、殷、周、鲁，凡六家，各自有元。"《后汉书》中提及的六种历法都是四分历。四分历就是把一年分为"春夏秋冬"四季的历法。

这六种历法虽同为四分历，但"建子"的月份则不同。"建子"是设定正月的月份为"子月"；"建丑"是设定"丑月"为正月，以此类推。

六种历法中，周历、黄帝历、鲁历"建子"；殷历"建丑"；夏历"建寅"；颛顼历"建亥"。由此可知，六种历法正月的设立不同，它们对"春夏秋冬"的定义也不同。复杂、混乱的历法不利于统治，也给农业社会的生产和生活带来许多不便，因此社会期盼历法的统一。

汉武帝刘彻

汉武帝刘彻统一了历法。公元前104年，汉武帝刘彻命邓平、唐都、落下闳、司马迁等人改历。最终浑天仪制造人落下闳和邓平的历法获得肯定，予以采用。该历法于元封七年（公元前104年）颁行，并改纪年为太初元年，因此这部历法史称"太初历"。

太初历采用十九年七闰法，但取29+43/81天为一朔望月。由于分母为81，所以该历法又称"八十一分法"。

为什么采取"十九年七闰"的方法呢？因为一个朔望月平均是29.5306日，一个回归年有12.368个朔望月，0.368小数部分的渐进分数是1/2、1/3、3/8、4/11、7/19、46/125，即每两年加一个闰月，或每三年加一个闰月，或每八年加三个闰月……经过推算，19年加7个闰月比较合适。因为19个回归年有6939.6018日，而19个农历年（加7个闰月后）共有235个朔望月，等于6939.6910日，这样二者的日期总长度就差不多了。

南北朝时期，天文学家祖冲之采用20组19年7闰插入1组11年4闰，计391年144闰，使农历的平均历年更接近回归年。此外还有334年123闰、1021年376闰的提法，与回归年的差额更小。但自清代以来，我国完全采用天象确定历年、历月，从而使农历的平均历年与回归年完全一致。回归年是公历中的概念，是指从地球上测定太阳绕黄道一周的时间，即太阳中心从春分点到春分点所经历的时间。

公历是由意大利医生兼哲学家里利乌斯（Aloysius Lilius）所制，教皇格里高利十三世于1582年颁布施行的。它规定一年为365.2425日，接近平均回归年的365.24219日，即约每3300年误差一日；更接近春分点回归年的365.24237日，即约每8000年误差一日。格里历的纪年自耶稣诞生年开始，称为"公元"，或"西元"。

民国元年（1912年），中国正式使用公历，也称"阳历""太阳历""格里历"。

二、二十四节气

由于中国的农历是阴阳历，即根据太阳和月亮的运行规律制定的，因此不能完全反映太阳运行周期。但作为一个农业社会，春播秋收需要严格了解太阳运行情况，于是人们制成了二十四节气。《太初历》中，已经正式把二十四节气纳入历法，明确了二十四节气的天文位置。

通俗地说，二十四节气就是把一年分为二十四等份。天文学上的解释，就是指太阳从黄经零度起，沿黄经每运行15度所经历的时间称为一个节气，每年运行360度，共计24个节气，每月有2个节气。节气是现在的叫法。古代历法中，"节气"是专指每月第一个节气，即：立春、惊蛰、清明、立夏、芒种、小暑、立秋、白露、寒露、立冬、大雪和小寒；每月的第二个节气是"中气"，即：雨水、春分、谷雨、小满、夏至、大暑、处暑、秋分、霜降、小雪、冬至和大寒。"节气"和"中气"交替出现，各历时15天。如今，人们把"节气"和"中气"统称为节气。

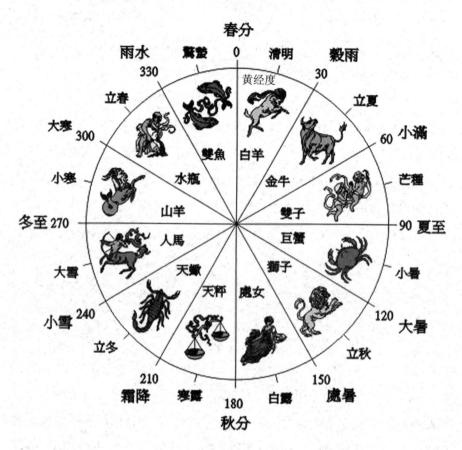

二十四节气与星座

为了便于记忆，人们编写了《二十四节气歌》：

春雨惊春清谷天，
夏满芒夏暑相连，
秋处露秋寒霜降，
冬雪雪冬小大寒。

人们还写出了《二十四节气七言诗》，节录如下：

二十四节有先后，下列口诀记心间：

一月小寒接大寒，二月立春雨水连；

惊蛰春分在三月，清明谷雨四月天；

五月立夏和小满，六月芒种夏至连；

七月大暑和小暑，立秋处暑八月间；

九月白露接秋分，寒露霜降十月全；

立冬小雪十一月，大雪冬至迎新年。

抓紧季节忙生产，种收及时保丰年。

节气分解

立春　一般在2月3—5日之间开始

《史记·天官书》："立春日，四时之卒始也。"意思是说，立春这天，是一年四季的开始。古时，立春这天，天子要亲自率领三公九卿诸侯大夫等人去东郊八里迎春。到了清代顺治年间，定"正月上辛日祭上帝大飨殿，为民祈谷"。上辛日，是指正月里的第一个"辛"日。祈谷前三天，皇帝要斋戒，以示虔诚。祈谷一般发生在立春日之后。雍正十三年正月十日是上辛日，未立春。雍正皇帝说："此非乘阳意也。"立春后，大地复苏，正是向上帝祈求五谷丰登的好时机，怎么能在立春前祈谷呢？雍正皇帝就命令礼部研究此事，礼部给出意见说："此礼本在立春后，请循例用次辛，或立春后上辛。"之后，祈谷礼便在立春之后举行了。乾隆十六年，把"祈谷"改为"祈年"，以称大飨。

据《燕京岁时记》中记载："立春先一日，顺天府官员，在东直门外一里春场迎春。立春日，礼部呈进春山宝座，顺天府呈进春牛图，礼毕回署，引春牛而击之，曰打春。是日，富家多食春饼，妇女等多买萝卜而食之，曰咬春，谓可以却春困也。"

打春的习俗一直延续到今天。立春前，人们用泥塑春牛。立春日，人们会推举一位德高望重的老人用鞭子象征性地击打三下泥春牛，是为"打春"。之后，人们把泥春牛打烂，每人一份，拿回家中，或撒入农田，企盼丰收；或用此土书写"宜春"于门上，求福全家；或用之涂耕牛角，却病除灾。"打春"之后，还要"咬春"。

"咬春"，中国北方一般吃春饼，南方吃春卷。清代词人、文学家陈维崧在其《陈检讨集》一书中说："立春日啖春饼，谓之'咬春'。"春饼，是一种白面薄饼，通常会把几张擀在一起烙，烙熟后，饼自然分层。配菜以绿豆芽、葱丝、韭菜为主。春卷，是春饼的一种形式，一般油炸后食用。春饼和春卷不仅是中国民间传统"咬春"食品，也是古代宫廷里的佳肴。明《燕都游览志》载："凡立春日，（皇帝）于午门赐百官春饼。"可见，"咬春"吃春饼是中国宫廷、民间共有的习俗。春饼之外，嚼萝卜也是"咬春"的习俗。相传萝卜可以解除春困，北方人尤爱"心里美萝卜"。

"立春一年端，种地早盘算。"立春到，新一年的劳作即将开始。人们在迎春声

春饼

中，不忘相互叮嘱"早盘算"未来一年的规划。因为他们知道"人勤地不懒，秋后粮仓满"。

雨水　一般在2月18—20日之间开始

元代吴澄撰《月令七十二候集解》云："正月中，天一生水。春始属木，然生木者必水也，故立春后继之雨水。且东风既解冻，则散而为雨矣。"此时，气温开始回升，冰雪渐渐融化，降水增多。

"七九河开，八九雁来"，这句农谚是雨水时节最脍炙人口的写照。雨水到，"东方解冻，蛰虫始振，鱼上冰，獭祭鱼，鸿雁来"。獭祭鱼，是描写水獭捕到鱼后，会把鱼陈列在一起，好像人类祭祀一样。文人罗列典故、堆砌辞藻，也称"獭祭鱼"。唐代李商隐为文，"多检阅书史，鳞次堆集左右"，同行们称他为"獭祭鱼"。

雨水的习俗以川西的"撞拜寄"最有特色。"撞拜寄"也称"拉保保"，"保保"就是干爹。雨水这天的大清早，年轻的母亲便带上自己的孩子站在路边，等待第一个从孩子面前经过的人。一旦这个人出现，不论对方是男是女，是老是少，年轻的母亲都会拦住对方，并让孩子给对方磕头"拜寄"，给对方做干儿子或干女儿，对方也就成了孩子的"干爹"或"干娘"，就是"保保"或"保娘"。家长"撞拜寄"的目的，是希望孩子健康平安地长大。

"回娘家"则是川西雨水时的另一项风俗。这天，出嫁的女儿要回家看望父母，还得带上罐罐肉和竹椅子等礼物，感谢父母养育之恩。罐罐肉，恰如其名，是把腌制好的猪蹄放入陶罐中，加上花生米和水，用菜叶把口封好盖上碗，放入烧过的炭灰中，再用炭灰把整个瓦罐盖严。此外，女婿还要给两位老人的腰间系上一条长一丈二的红带子，祝愿老人平安长寿，所以当地把雨水节也看作敬老节，其重要性甚至超过了元宵节。

惊蛰　一般在3月5—6日之间开始

"九九艳阳天"说的就是惊蛰。蛰，是藏的意思。这时，天气回暖，中原地区春雷乍鸣，冬眠的昆虫受惊而醒，不再躲藏，开始活动。

惊蛰是春耕的开始。唐代韦应物《观田家》诗云："微雨众卉新，一雷惊蛰始。田家几日闲，耕种从此起。"农谚"九九加一九，耕牛遍地走"，描写的也是春耕的景象。

惊蛰，广东人有祭白虎的习俗。传说，惊蛰到，凶神白虎要外出找食，为患地方。为祈求平安，民间就在惊蛰这天祭白虎。白虎像通常放置在庙里，祭祀时，人们用猪油抹虎嘴，用鸭蛋饱其腹，以免它张口伤人。

祭白虎的同时，还要"打小人"。人们认为，惊蛰到，害虫结束冬眠，小人也一样苏醒过来。"打小人"一般在庙里进行，人们把纸人置于地上，先用拖鞋拍打，然后用脚踩，祈祷小人不再为难自己，

惊蛰：祭白虎

从此百事顺心。

其他地区的习俗也各有特色。在山东，人们要在院中生炉火烙煎饼；在陕西，人们要吃炒豆；在山西，人们则要吃梨，意为远离害虫。广西的瑶族同胞要吃"炒虫"，所谓"虫"，其实是玉米粒。"虫"炒好后，全家人围坐在一起吃，边吃边喊："吃炒虫了，吃炒虫了！"有时还要比赛，看谁吃得又快又多，嚼得又响又脆。吃得越多象征灭虫越多。

春分 一般在3月20—22日之间开始

"春分秋分，昼夜平分。"春分，就是指这一天昼夜平分，各占十二小时；同时，春分在立春和立夏之间，平分了春季。"春分麦起身，一刻值千金"，春分时节是农耕的关键时刻，一场春雨一场暖，春管、春耕、春种进入繁忙阶段。

"春分祭日，乃国之大典。"《清高宗实录》记载，乾隆皇帝在春分这天，或亲自前往，或遣人代往，至东郊日坛，举行祭日仪式。

春分的民俗非常有趣，竖蛋就是其中之一。春分这天，人们会选择一个新鲜、光滑的鸡蛋，屏住呼吸、轻手轻脚地把它在桌子上竖立起来。如今，这个纯中国民间的习俗，已经走向世界，变成人们追捧的游戏。

春分时节开始扫墓祭祖，也称春祭。祭祖在先，扫墓于后。祭祖一般在家族祠堂里进行，仪式非常正式、隆重。致祭人要杀猪、宰羊，请来乐队，恭念祭文。祭祖后，开始扫墓。清明后，扫墓截止。这是客家地区春祭的规矩。不过对多数中国人来说，清明才是扫墓的正日子。

清明 一般在4月5—6日之间开始

"清明时节雨纷纷，路上行人欲断魂。借问酒家何处有？牧童遥指杏花村。"唐代诗人杜牧的《清明》，寥寥28个字，立刻就把我们带入了清明时节的意境。

"清明时节，麦长三节。"此时，河南的小麦即将孕穗，安徽的油菜花已经盛开，东北和西北地区的小麦也进入拔节期。清明时节，气温渐高，雨量增加，正是春耕春种的大好时节。然而人们提到清明，想到最多的还是扫墓。

明刘侗《帝京景物略》载："三月清明日，男女扫墓，担提尊榼，轿马后挂楮锭，粲粲然满道也。拜者、酹者、哭者、为墓除草添土者，焚楮锭次，以纸钱置坟头。望中无纸钱，则孤坟矣。哭罢，不归也。趋芳树，择园圃，列坐尽醉。有歌者，哭笑无端，哀往而乐回也。"这段话的意思是说："清明这天，人们出门扫墓，提着担子，带着酒杯，轿子和马后挂着纸钱锭，满街道都是闪亮夺目的颜色。墓地中，祭拜的、洒酒的、哀哭的、除草的、添土的人们，焚烧纸钱锭，再用纸钱把坟头盖住。墓地中没有纸钱的坟墓，是孤坟。哭完坟，人们并不回家。大家会找一个风景优美的地方野餐，一醉方休。有人评价清明，是哭笑无端，哭着去，笑着还。"这里的"乐回"，指的就是清明节的另一个习俗——踏青。

踏青，也称春游、探春、寻春。唐代诗人孟浩然《大堤行》云："岁岁春草生，踏青二三月。"晋代书圣王羲之，在曲水流觞的春游中，写下了天下第一行书《兰亭序》。踏青时，还要举行多种游戏活动，比如：蹴鞠、荡秋千、放风筝等。其他风俗还有插柳、斗鸡、射柳、蚕花会等。

清明节的饮食，各地不尽相同。山东有吃鸡蛋和凉馒头的习惯，其中莱阳、招远、长岛等地是吃鸡蛋和冷高粱米饭。据说这样的话，不会遭到冰雹袭击。泰安则吃冷煎饼卷生苦菜，传说吃了可以明目。山西中部地区则要在清明节前一日禁火。温州人们采来在清明节才会生长的绵菜做饼，也称"清明饼"。上海人则吃青团和桃花粥。浙江湖州家家要包粽子，既做祭祀，又可食用。

清明：踏青

"明前茶，贵如金。"这时的茶叶受虫害侵蚀少，芽叶细嫩形美，色泽翠绿，香气幽长。乾隆皇帝下江南时，曾到杭州龙井观看采茶，并作诗《观采茶作歌》："火前嫩个，火后老，惟有骑火品最好。"骑火，是指清明前一日。早则过嫩，迟则显老，"明前茶"最好。

谷雨　一般在4月19—21日之间开始

谷雨，雨水增多，是农作物生长的好时节。元代吴澄撰《月令七十二候集解》云："三月中，自雨水后，土膏脉动，今又雨其谷于水也。雨读作去声，如雨我公田之雨。盖谷以此时播种，自上而下也。"谷雨，也是采茶的好时节。

谷雨茶，又名雨前茶，是谷雨当天采制的春茶。由于采于清明后，又称"二春茶"。谷雨茶虽然稍逊于明前茶，但由于芽叶受气温影响，生长较快，其内部养分积累非常丰富。因此，雨前茶相比明前茶，具有味道鲜浓，芽叶耐泡的特点。茶叶以外，谷雨时节的风俗也非常有趣。

《夏津县志》记载："谷雨，朱砂书符禁蝎。"蝎，是指毒蝎子。

谷雨时节，多雨湿润，有利于蝎子的繁殖。地面潮湿时，蝎子会往高处爬，令人厌恶。"书符禁蝎"是山西、陕西和山东等地的风俗。

谷雨是春季最后一个节气。谷雨之后，立夏开始。

立夏 一般在5月5—7日之间开始

"万物至此皆长大，故名立夏也。"立夏是夏季的第一个节气，这时气温明显升高，酷暑将临，雷雨大增。立夏是有利于农作物快速生长的一个重要节气。

立夏前后是否降雨、降雨量多寡以及风向都关系到当年农作物的收成。"立夏不下雨，犁耙高挂起""立夏不下，旱到麦罢""立夏麦咧嘴，不能缺了水"，这些农谚证明了雨水在此时的重要性。1738年立夏刚过，乾隆皇帝看到久无降雨，发表上谕，云："畿辅地方。三春雨泽愆期。今已立夏。甘霖未降。朕心甚为忧惕。日在宫中。虔诚祈祷。所有应行求雨典礼。著礼部太常寺择日。敬谨举行。设坛之前。该部奏闻。朕再命大臣前往各坛。共摅精诚。敬达朕为民请命之忧愫。"由此可知，贵如乾隆皇帝，对立夏的降雨也非常重视。

由于气温升高，皇帝为体恤大臣，会"立夏日启冰，赐文武大臣"。这种存放在皇家冰库里的冰不是用来食用的，而是放在室内，用来降温的，功效相当于现在的空调。据民国时期南京的民俗大家夏仁虎先生在《金陵岁时记》里称："立夏，使小儿骑坐门槛，啖豌豆糕，谓之不疰（音住）夏。"疰夏，就是苦夏，是指夏季天气炎热，人们不爱进食。

虽然苦夏，但立夏风俗还是离不开美食。

各地立夏的美食多种多样。无锡立夏尝三鲜，三鲜分地三鲜（苋菜、蚕豆、元麦）、树三鲜（梅子、杏、樱桃）和水三鲜（鲥鱼、鲳鱼、黄鱼），其中以地三鲜为主。长沙立夏喝立夏羹；闽南吃虾面；赣东北品立夏馃；杭州尝乌米饭和乌饭糕。

"立夏吃鸡蛋，石头能踩烂。"立夏之日，人们不仅吃鸡蛋，而且还斗蛋。立夏这天，孩子们把煮好的带壳鸡蛋，置于编织好的丝网兜内，挂在脖子上，然后跑出家门，与同伴开始斗蛋游戏。蛋分两端，尖者为头，圆者为尾。斗蛋时蛋头斗蛋头，蛋尾击蛋尾。一个一个斗过去，破者认输，最后分出高低。蛋头胜者为第一，蛋称大王；蛋尾胜者为第二，蛋称小王或二王。

立夏：斗蛋

小满 一般在5月20—22日之间开始

元代吴澄撰《月令七十二候集解》云："四月中，小满者，物致于此小得盈满。"小满时，麦类等夏熟农作物的籽粒已开始饱满，但还未成熟，所以叫小满。"麦到小满日夜黄""小满三日望麦黄""小满十日满地黄""小满十日见白面"，农谚告诉我们，小满到了，夏收也就到了。

芒种 一般在6月5—7日之间开始

"芒种芒种，连收带种"，意思是说有芒的麦子快收，有芒的稻子可种。这是个抢收抢种的时节，"春争日，夏争时"说的就是芒种的景象。此时长江中下游地区进入黄梅时节，也就是常说的梅雨天气。梅雨对庄稼有利，如来得过迟或过少，农作物就会受旱。

夏至 一般在6月21—22日之间开始

"芒种火烧天，夏至雨涟涟。"夏至的雨水对农作物的产量有很大影响，农谚有"夏至雨点值千金"之说。

"不过夏至不热。"夏至虽表示炎热的夏天已经到来，但还不是最热的时候。夏至后的一段时间内气温仍继续升高。

"冬至饺子夏至面。"这里的面，多指过水面。过水面就是把煮熟的面条在凉水里过滤几遍，使面条凉爽有弹性，适合夏季食用。

小暑 一般在7月6—8日之间开始

暑，即热。小暑，就是小热。小暑一到，江淮梅雨季结束，华北、东北进入多雨季节。小暑有两个标志，一是出梅；二是入伏。

出梅，就是指梅雨季结束。芒种后第一个丙日为入梅，小暑后的第一个未日是出梅。如果芒种当天的天干为丙，则芒种这天也是入梅；如果小暑这天地支为未，则将该日定为出梅。但中国地广，纬度跨度大，入梅出梅的日期也不相同。福建地区，以立夏后第一个庚日为入梅日；芒种后第一个壬日为出梅日。

入伏，是指进入暑伏。"夏至三庚数头伏"，头伏，一般在小暑之后。一年中最热的时期开始了。伏，也称"三伏"，即初伏、中伏和末伏。初伏在小暑，末伏已经是立秋后了。

"头伏饺子，二伏面。"东北地区，入伏当日要吃饺子。这一

小暑：二伏面

天，不仅家家包饺子，而且饺子馆也人满为患，就连超市里的速冻饺子都会卖断货。当然，吃饺子不是入伏的唯一民俗。徐州人入伏时要吃羊肉、喝羊汤，有"六月六接姑娘，新麦饼羊肉汤"之说。台湾在小暑时有吃芒果的传统。

大暑　一般在7月22—24日之间开始

"大暑大暑，五谷不起"，"禾到大暑日夜黄"。大暑时节，热浪侵袭各地，地表水分蒸发快，农作物迎来生长关键期。农谚有"小暑雨如银，大暑雨如金"之说，可见大暑是农作物的需水高峰期，此时的雨水，对一年的收成非常关键。

大暑的习俗有地方特色。浙江台州葭芷地区在大暑有"送大暑船"的风俗。相传五凶神为害地方，致葭芷地区疫病流行，百姓不堪其扰。于是，人们在葭芷母亲河椒江江边建立五圣庙，供奉五凶神，祈求祛病消灾。还决定在大暑那天用渔船将供品送至椒江，请五圣享用，以示虔诚。福建莆田有在大暑吃荔枝、羊肉和米糟的习俗。台湾民谚有"大暑吃凤梨"一说，是说凤梨在这个时节最好吃。

立秋　一般在8月7—9日之间开始

"立秋之日凉风至"，"早上立了秋，晚上凉飕飕"。立秋日，给人印象最深的是早晚气温差别大。立秋的雨是人们期盼的，"立秋无雨是空秋，万物历来一半收"，"立秋三场雨，秕稻变成米"。

"立夏栽茄子，立秋吃茄子"，立秋是收获的季节。立秋时节，各种农作物生长旺盛：中稻结实，大豆结荚，棉花结铃。此时气温尚高，是农田追肥的好时机。

立秋的习俗以"抢秋膘"最为著名。"抢秋膘"，也叫"贴秋膘"，是指人们经历"苦夏"，由于天气闷热，胃口不佳，所进食物多以清淡为主。立秋开始，天气转凉，人们胃口大开，需要进补，所以要"抢秋膘"。"抢秋膘"，

立秋：咬秋

主要以吃肉为主，炖肉、烤肉、红烧肉都可，主食要吃饺子。

"啃秋"是立秋时节的特色习俗。天津人在立秋日要吃西瓜或香瓜，称"啃秋"或"咬秋"。人们刚刚度过闷热难耐的盛夏，要"咬住"秋天的凉爽。江苏也在立秋日吃西瓜"咬秋"，据说可以不生痱子。浙江人在这天吃西瓜的同时，还要喝烧酒，据说可以预防疟疾。

处暑　一般在8月22—24日之间开始

处暑，即暑气到此为止。此时，气温依然偏高，农谚有"处暑处暑，热死老鼠"之说。民间常说的"秋老虎"就是这时出现的。

"秋老虎"，气象学上是指处暑后最高气温连续5天在33℃以上的天气。这段时间，虽然已过立秋，但天气晴朗、日照强烈，酷热再现，人们重新感受到了盛夏之苦。"立秋处暑正当暑"，说的就是"秋老虎"。

白露　一般在9月7—9日之间开始

白露时节天气转凉。此时昼夜温差加大，清晨的露水随着阴气上升而加厚，凝结成一层白白的水滴，故名"白露"。"处暑十八盆，白露勿露身"，说的是处暑每天用一盆水洗澡，连洗18天，到了白露，为免着凉，就不要赤身洗浴了。

白露也是观测天气的好时节。"草上露水凝，天气一定晴""草上露水大，当日准不下""露水见晴天"，说的都是用露水预测天气。

白露酿酒是一些地方的风俗。每到白露，苏浙等一些地方人家会酿制"白露米酒"，酒是用糯米、五谷和烧酒制成，略带甜味。

秋分　一般在9月22—24日之间开始

"秋分秋分，昼夜平分。"秋分日，太阳直射赤道，昼夜均分，各12小时。立秋是秋天之始，霜降是秋季之终。秋分正好是立秋到霜降这

白露

90天的一半，所以说秋分平分了秋天。

"夏忙半个月，秋忙四十天"。秋天是收获的季节，长江以南地区的晚稻已经开始收割，华北地区开始播种冬麦。"秋分种，立冬盖，来年清明吃菠菜"，"秋分种小葱，盖肥在立冬"，秋分正是三秋（秋收、秋耕、秋种）大忙时节。

寒露　一般在10月8—9日之间开始

秋分后十五日，为寒露。寒露时节，中国东北、西北地区的冷空气逐渐强大，雨季结束。气温转凉，人们开始穿上西服或风衣，所以有"吃了寒露饭，少见单衣汉"之语。

"寒露时节人人忙，种麦摘花打豆场。"此时天气凉爽，有利于秋季蔬菜生长，是冬春棚菜地力培育和育苗的有利时期。

霜降　一般在10月23—24日之间开始

霜降是秋季最后一个节气。霜是近地层空气中水汽在接近0℃时凝华而成的。"九月中，气肃而凝，露结为霜矣"，可见这时的天气已经由凉转冷。秋季第一次出现的霜叫做"早霜"或"初霜"，春季最后一次出现的霜是"晚霜"或"终霜"。从终霜到初霜的间隔时期，叫无霜期。

"一年补透透，不如补霜降。"霜降是秋季的结束，冬季的开始，是一年进补的最佳时节。此时的补是温补，以补血养胃为主。

立冬 一般在11月7—8日之间开始

天文学上，立冬是冬季之始。气候学上，一般以连续5天平均气温低于10℃以下，即为冬季。立冬时节，"水始冰……地始冻"，此时农民们要做好农作物的越冬准备。"立冬落雨会烂冬，吃得柴尽米粮空"，这是一句闽南农谚，说的是立冬日下雨，整个冬天都会下雨，不做好预防，就会坐吃山空。

古时，国人有贺冬的习俗。贺冬，也称拜冬。这一天，人们换上新衣，互相道贺冬天的来临，就像过节一样。

北方立冬有吃饺子的传统。饺子就是交子，立冬是秋冬之交，所以饺子是立冬首选美食。"立冬补冬，补嘴空"，人们辛苦了一年，这一天要好好享受享受。

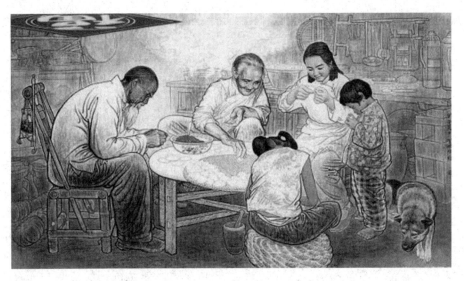

立冬：饺子

小雪 一般在11月22—23日之间开始

"节到小雪天下雪"。小雪时节，东北风已经是中国各地的常客，各地气温逐渐下降到0℃以下。"小雪气寒而将雪矣，地寒未甚而雪未大也"，是说小雪时虽然会降雪，但降雪量不会太大。"小雪雪满天，来年必丰年"，小雪的降雪，预示来年雨水均匀，而且降雪可以冻死病菌和害虫，同时积雪有保暖作用，有利于增强土壤肥力。

小雪是腌制腊肉的好时节。这时气温急剧下降，天气干燥，非常适合腊肉的制作。小雪节气后，一些农家开始制作腊肠、腊肉，等到春节时大快朵颐。

大雪 一般在12月6—8日之间开始

"小雪地封严，大雪江茬上。"大雪时节，中国东北、西北地区的平均气温已达-10℃以下，江河已经封冻。华北地区的气温在0℃以下，冬小麦已停止生长。"大雪下雪，来年雨不缺"，人们期盼在大雪这天看到降雪，为的是来年有个好收成。

冬至 一般在12月21—23日之间开始

"冬至如大年。"冬至是中国一个非常重要的传统节日，亦称冬节、交冬、长至节、亚岁。《周礼·春官·神仕》记载："以冬至日，致天神人鬼。"意思是说，冬至这天，要敬天敬神敬人敬鬼。《后汉书·礼仪》记载："冬至前后，君子安身静体，百官绝事。"看来冬至这天，天子要休息，大臣也放假。乾隆皇帝在冬至前三日，要斋戒沐浴。冬至这天，或亲自前往或遣官代行，赴天坛圜丘祀天。并且还要祭永陵、福陵、昭陵等祖先陵墓。冬至第二天，百官停止朝贺。

"冬至到，吃水饺。"北方在冬至这天，要吃水饺，有"冬至不端饺子碗，冻掉耳朵没人管"之说。北京还有"冬至馄饨夏至面"的说

冬至：九层糕

法。江南的人民在冬至夜有吃红豆糯米饭的传统。中国台湾现在还有冬至用九层糕祭祖的传统。九层糕，是用糯米分深浅色，蒸制而成。

小寒 一般在1月5—7日之间开始

"小寒节，十五天，七八天处三九天。"小寒是一年中最寒冷的时节，因为它正处于三九天。什么是三九天？中国阴历有"九九"的说法，计算方法是从冬至日起，每九天为一"九"，第一个九天是"一九"，第二个九天是"二九"，一直数到九九八十一天后，一般"三九天"最冷。民间有"一九二九不出手，三九四九冰上走，五九六九沿河看柳，七九河开，八九雁来，九九加一九，耕牛遍地走"的说法。

南京人在小寒日要煮食菜饭。菜饭，一般是用南京特产的矮脚黄、咸肉片、香肠或板鸭丁，加入猪油，与糯米一起熬煮而成。

九九歌

大寒　一般在1月20—21日之间开始

大寒是二十四节气最后一个节气。"大寒到顶点，日后天渐暖"、"小寒大寒，杀猪过年"，大寒起，天气从极寒开始转暖，新的一年即将开始。

大寒时节有三个重要的日子，一是腊八，二是小年，三是春节。当然，这三个日子不会同时出现，一般会出现一个或两个。不过看到这三个日子，我们知道，大寒时节就是过年的时节。腊八时，人们要喝腊八粥；小年夜，人们要祭灶王爷；大年三十夜，人们要守岁"熬年"。

三、祭祀与宗教

祭祀活动是何时产生的这个问题，恐怕永远都不会有答案。但祭祀的内容和对象却通过史籍流传了下来。"祭神如神在"，几乎所有的祭祀都与神灵有关。

中国有多少神灵？恐怕无人知晓准确答案。相传上古神兽白泽曾告诉黄帝："天下鬼神，一共有11520种。"这是神话，不是信史，但它从一方面证明了中国神灵之多。当然不是所有的神灵都是祭祀的对象，那么中国的祭祀对象都有哪些呢？《大清会典》把祭祀分为三等：

"凡祭三等：圜丘、方泽、祈谷、雩祀、太庙、社稷为大祀；日、月、前代帝王、先师孔子、先农、先蚕、天神、地祇、太岁为中祀；先医等庙、贤良、昭忠等祠为群祀。"

以上祭祀对象又可分为三大类：

（一）祭自然。圜丘祭天、方泽祭地、雩祀祭雨，其他还有祭祀日、月、星辰、风、雷、电等自然现象的传统。

（二）祭神灵。神灵包括天神、地祇。天神是指神话中天上的神仙，天神到底有多少？不得而知。居首位的是元始天王，即盘古氏。其他还有三清、六御、五方五老、中央天宫仙、三官大帝、四大天王、四值功曹、四大天师、四方神、南斗六星君、二十八星宿、三十六天将等。地祇是指地球上所有自然物的神话形式，包括土地神、社稷神、山岳、河海、五祀神、百物之神等。先农（神农或后稷）、先蚕（教民育蚕之神）、先医（伏羲、神农、轩辕）等也是地祇。

（三）祭先人。先人包括祖先、前代帝王、先师孔子、贤良、昭忠等。

祭祀活动与固定日期的结合，产生了节日。祖先们的祭祀活动逐

古代祭祀

渐与农历结合，与节气相配，固定在某一特定日子。这些日子有如下特点：

节气成节日。二十四节气中，四立（立春、立夏、立秋、立冬）、两分（春分、秋分）、两至（夏至、冬至），也称"八节"。

立春于东郊祀芒神勾芒（伏羲长子），亦称立春节；立夏于南郊祀炎帝、祝融，亦称立夏节；立秋于西郊祀白帝父子少皋、蓐收，亦称立秋节；立冬于北郊祀黑帝颛顼、冬神玄冥，亦称立冬节。春分祭日，亦称春分节；秋分祭月，亦称秋分节。夏至祭地，亦称夏至节；冬至祭天，亦称冬至节。"八节"是祭祀与节气相结合的节日，因祭祀而过节，在节日中祭祀。

特殊数字日。受道教阴阳学说影响，古人以奇数为阳，月日为同一奇数的日子因此备受青睐。农历一月一日，是中国传统元旦、大年初一、春节；农历三月三日，上巳节；农历五月五日，端午节，亦称端阳节、五月节、午日节；农历七月七日，牛郎织女相会之日，亦是中国的情人节；农历九月九日，重阳节，发展到今天成为敬老日。

生日与忌日。以名人的生日和忌日作为节日，很早就在中国出现了。晋宁帝司马绍将农历八月二十七日孔子生日定为孔子诞辰日，中华民国政府将农历八月二十七日定为教师节。端午节，定于五月五日，这一天正好是屈原投汨罗江而死的日子，所以这一天也是中国人纪念屈原的日子。

除了祭祀，宗教对节日的形成也功不可没。佛教、道教乃至基督教、天主教都在中国的节日生活里留下了印迹。笔者会在第六章至第八章详细介绍。

第二章　传统节日

五千年的中华文明，留下了难以计数的节日。除了汉族的节日外，中国的各个少数民族有自己的节日、佛教信仰者有自己的节日、道教信徒有自己的节日、基督教徒和天主教徒有自己的节日。笔者在本章将讲述六个法定与传统并存的节日。

一、中国年春节

春节的起源

春节是中国农历新年的第一个节日，节日开始的时间是正月初一。春节，古称"元旦"、"元辰"、"端日"。传统意义上的春节不是一天，而是从腊月二十三小年开始到正月十五元宵节这段时间，都是春节。有的地方要到农历二月二龙抬头，春节才真正结束，所谓"没出正月就算过年"。法定春节放假三天，与国庆节同为中国放假时间最长的法定节日。春节放假时间长，它的历史同样悠长。

相传4000多年前，即公元前2000年某日，尧禅让帝位于舜。舜，姓姚，国号"有虞"，故称虞舜。虞舜即天子位后，率群臣祭祀天地。人们就把那天当作一年中的岁首，即元旦。

春节：年画

　　但中国古时的朝代所定元月的时间不同。夏朝用孟春的元月为正月，商朝用腊月（十二月）为正月，秦时以十月为正月，西汉时直到景帝都沿用秦历。

　　汉武帝刘彻鉴于当时历法混乱，命落下闳和邓平编写新的历法，即"太初历"。该历法以农历正月初一为岁首，即一年的第一天或元旦。直到清末，中国一直以农历正月为元月，以正月初一为元旦。

　　1914年1月21日，中华民国内务部民治司第一科"呈拟规定四节"，经内务总长朱启钤审阅同意，上报大总统袁世凯。其内容如下：

　　我国旧俗，每于四时令节，游观祈献，比户同风，固由作息之常情，亦关人民之生计。本部征采风俗，衡度民时，以为对于此类习惯，警察官吏未便加以干涉，即应明白规定，俾有率循。拟请：定阴历元旦为春节，端午为夏节，中秋为秋节，冬至为冬节。凡我国民均得休息，在公人员亦准给假一日，本部为顺从民意起见，是否有当？

理合呈请大总统鉴核施行。谨呈大总统　内务总长　一月二十一日

大总统袁世凯同意此请，批曰："据呈已悉，应即照准，此批。"23日，内务部向各省民政长电传此令。至此，中国人开始在正月初一过"春节"。

南京国民政府曾废除农历。早在1911年12月27日，孙中山就提出改用阳历，以黄帝纪元四千六百零九年十一月十三日，为中华民国元年元旦。后因反对声音大，在采用阳历的同时，还要在出版的公历下方注明阴历节候。1928年，改历运动在世界范围内展开。南京国民政府为配合该运动，试图"推行国历，废止阴历"。1930年，宣布"禁过旧年"，欲停止有几千年历史的春节习俗。这一决定遭到人民的反对，不得已中途流产。

新中国确立春节放假三天。1949年9月27日，中国人民政治协商会议第一届全体会议通过决议，决定使用公历纪元。12月23日，政务院第十二次政务会议通过《全国年节及纪念日放假办法》，规定农历正月初一为"春节"，并放假三天。

春节的习俗

张贴春联

春联，也称对联、春贴、对子、桃符。第一副春联相传是五代后蜀主孟昶所写。公元964年岁末，孟昶在都城成都贺岁，命学士辛寅逊在桃符上题写联语。辛寅逊写完交给孟昶，孟昶觉得写得不尽如人

意，于是自己动手，写下："新年纳余庆，嘉节号长春。"谁知孟昶一语成谶。公元965年，宋太祖赵匡胤灭后蜀，命吕余庆为成都府知事。据说这一天，正好是赵匡胤的生日，即长春节。也许是历史的巧合，给后人留下许多谈资；也许是后人的演绎，虚构了巧合的历史，我们不妨姑妄听之。第一副春联是皇帝写的，推广春联的也是皇帝。

春节：对联

明太祖朱元璋是推广春联的第一人。据明代文人陈云瞻《簪云楼杂话》记载："春联之设，自明太祖始。"朱元璋非常喜欢春联，有一年岁尾，他传旨"公卿士庶家门口须加春联一副"。圣旨下发后，朱元璋走出皇宫，微服私访，想看看民间的反应。一路上，他看到家家户户都张贴了春联，非常高兴。当他走到一个屠户家时，看到门外光秃秃的，有些生气。派人一问，才知屠户不会写字，又没时间请人代写。朱元璋一时兴起，提笔写下"双手劈开生死路，一刀割断是非根"，让屠户贴在门外。第二天，朱元璋又来到屠户家，看到春联还是没有贴上，非常生气。派人一问，才知道屠户一家知道是皇帝写的春联，没舍得贴，供起来了。朱元璋一听非常高兴，于是提笔又写了一副。就这样，皇帝喜爱春联的名声就传了出去。贴春联这个习俗也流传了下来。

贴春联的时间有多种说法。一般从腊月二十三（小年夜）到大年三十（除夕夜）都可以贴春联，但最晚不能超过除夕夜里十二时。贴春联最集中的日子在腊月二十八、二十九两天。天津春节民谚："二十三灶王爷上天；二十四扫房子；二十五糊窗户；二十六炖大肉；二十七宰公鸡；二十八白面发；二十九贴倒酉；三十晚上合家欢乐守一宿。"倒酉，俗称"小挂钱儿"，其上端是一块印着"福"字涂金粉的红色菱形方块，象征吉祥。除贴倒酉外，还有八大红：一红贴门神；二红贴春联；三红贴春条（如五谷丰登、平安如意）；四红贴斗方（如"福"字）；五红合体字（如"黄金万两"、"招财进宝"等）；六红贴窗花；七红贴年画；八红悬挂绢绸类十二属相、花生串、元宝串以及五彩椒等手工艺品。

春联的贴法有讲究。春联由三部分组成，上联、下联和横批。要想把春联贴得正确，先要分清哪个是上联，哪个是下联。春联写作要求是"上仄下平"或"仄起平收"，意思是上联的尾字必须是仄声字，也就是普通话三声或四声字，如美、运、地、喜等；下联的尾字则须是平声字，也就是一声或二声字，如福、财、门、春等。分清了上下联，还须知道张贴它们的正确方法。我们知道，一扇大门是由门楣、左右门框、门槛和门组成的。假设贴春联的人面对大门，横批须贴在门楣上，上联贴在右侧的门框上，下联贴在左侧的门框上。

除了贴春联，还有贴福字、窗花、年画等习俗。

贴福字，亦称贴红斗方。顾名思义，福字要具备至少三个特点：红色纸、正方形、上书"福"字。贴福字的历史不算长，最早的传说来自明初。相传明太祖朱元璋的马皇后以脚大闻名天下，朱元璋非常忌讳，不许任何人提及此事。某年元宵夜，朱元璋微服私访，出宫赏花灯。在南京杏花巷看到一盏大花灯，灯上画着一只大马猴抱着一双大号的绣花鞋哭泣，讽刺马皇后脚大。朱元璋一看，非常生气，正要发作。突然一个老者对灯主人说："皇上圣明，让我们衣食无忧，你应该感激才对，为什么还讽刺马皇后呢？"老者边说边砸灯，灯主人也不示弱，把老者打得满脸是血。朱元璋把一切看在眼里，忙把老者扶进附近一家店铺，为老者擦去脸上的血迹，又请店家拿来纸笔，写了一个"福"字给老者。并告诉老者回家后一定要把这个字贴在大门外。老者不解，问原因，朱元璋笑而不答。回到宫里，朱元璋把这一切对马皇后说了，并说要血洗杏花巷，只保留贴福字的那户人家。马皇后一听，觉得不妥，又不好当面反对，就派人暗地里到杏花巷把家家户户的大门都贴上了福字。朱元璋派出的侍卫到杏花巷一看，家家有福字，就回来报告。这时马皇后出来，向朱元璋解释说："这是上天的旨意，保护皇帝您仁义的名声。"朱元璋一听，只好作罢。后来马皇后把真相告诉了朱元璋，朱元璋不但没有责怪马皇后，而且还佩服马皇后母仪天下的气度。从此，民间就开始流行过年时贴福字了。

福字的贴法有讲究。福字的贴法有两种：正贴和倒贴。大门的福字一定要正贴，取其正福之意。室内的正福只能贴一个，且必须是坐东朝西，意思是"福如东海"。倒贴的福字一定要贴在门厅的正前方，且须坐北朝南，取意"福入厅堂"。民间还有把福字倒贴在米缸上面，期盼明

春节：福字

年五谷丰登、衣食无忧。

贴福字的时间也有讲究。一般福字都是与春联同时贴，但民间有大年三十下午贴福字的习惯。且须从外向内贴，从大门一直贴到屋里面。

贴窗花是过年的传统习俗。窗花是剪纸艺术的一种，一般用大红纸剪出喜鹊登梅、燕穿桃柳、三羊开泰、二龙戏珠、鹿鹤桐椿、五福临门、连年有鱼、鸳鸯戏水、刘海戏金蟾、五女拜寿等题材，贴于窗上。

贴年画的历史非常悠久。相传，神荼、郁垒两兄弟负责监督众鬼，一旦抓住为害人间的鬼，便会把它们投入虎口。于是，黄帝就在门上画上兄弟俩的像用来防鬼。所以年画也叫门神画。年画的体裁有春牛、岁朝、嘉穗、戏婴、花灯、神仙等，材质一般为纸质，也有木刻。产地以天津杨柳青、山东潍坊、四川绵竹、苏州桃花坞、广东佛山为著名。

燃放鞭炮

放鞭炮是中国人过年的最重要的习俗。鞭炮，古称爆竹。顾名思义，就是燃烧竹子。古人在驱除鬼神时，用火燃烧竹子，据说"噼噼啪啪"的声音可以吓跑鬼怪。后来人们渐渐用爆竹为节日助兴，形成传统。火药发明后，人们用纸卷火药，一头堵死，一头加上引信，制成鞭炮。燃放鞭炮从此成为中国人过春节的一个必不可少的内容。

春节：鞭炮

鞭炮燃放贯穿整个春节。从小年夜开始直到元宵夜，都有人燃放鞭炮和烟花，其中以大年三十夜（除夕夜）为最。除夕夜的鞭炮在午夜钟声前最猛烈，之后会逐渐减弱。大年初一到初五，人们都有在吃饭前放鞭炮的习俗。人们在元宵夜更是要燃尽手里的鞭炮，祈福全年平安顺意。

由于环境保护意识逐渐增强，中国各地政府曾经试图禁放鞭炮，保护环境。但千年传统无法一夕改变，碍于民意，停放的烟花不得不再次开禁。我们一方面看到传统习俗的力量，另一方面看到政府顺从民意兼顾传统的宽容。

除夕守岁

守岁，又称熬年，是指人们在除夕终夜不睡，等候新年的到来。除夕为什么要守岁呢？传说灶王爷爷和灶王奶奶要在五更天回来，并且给家家户户带来过年的好东西。人们就在这夜点灯熬年，迎接灶王

春节：守岁

爷爷和灶王奶奶进自己的家门。守岁的另一层解释是，年长者要珍爱光阴；年轻人为父母延寿。

春节拜年

大年初一吃过饺子，拜年活动就开始了。一般是晚辈给长辈拜年，下级给上级拜年。拜年时，一般要准备四样礼物，象征"事事如意"。这四样礼物，各地的内容并不一样。东北地区一般送烟、酒、糕点、水果。如果是新婚的夫妻到女方家"回娘家"，必须带上一大块猪腿肉。一般来讲，初一拜年的还是少数，初二至初五是拜年的高峰。

春节：拜年和压岁钱

拜年时还有给压岁钱的习俗。晚辈给长辈拜年时，要鞠躬行90度大礼，以示虔诚和尊重。长辈端坐受礼后，要拿出封好的红包给晚辈压岁钱。因"岁"与"祟"谐音，压岁钱取压住邪祟之意，保佑年轻的晚辈平安度过一年。压岁钱一般都是给未结婚成家的晚辈，尤其是还在上学的幼童。清人吴曼云《压岁钱》诗云："百十钱穿彩线长，分来再枕自收藏，商量爆竹谈箫价，添得娇儿一夜忙。"这首诗是说小孩子拿到压岁钱后，把它仔细地藏在枕头下，准备买爆竹，一夜不睡觉也值了。

初五破五

农历正月初五，俗称破五。相传，大年三十，人们守夜熬年迎灶王爷爷、灶王奶奶，却把脏神忽略了。她醋意大发，到弥勒佛那里告状。弥勒佛一直笑，不说话，就这样一直到了初五。脏神越来越生气，扬言上天去告状。弥勒佛不想事情搞大，便笑着说："今天是初五，让人们再为你放鞭炮，包饺子，破费一次吧。"这就是破五的来历。

破五这天，人们要早早起床，清扫屋子，包饺子。由于民间忌讳大年初一扔垃圾，多日积攒的垃圾，到了初五终于可以扔掉。人们还要对着垃圾堆放鞭炮，赶走穷鬼。放过鞭炮，人们回到屋里吃早餐。初五的早餐有些特别，在东北，初五的饺子一定是蒸饺，而且必须是现包的。因为民间传统习惯，初一到初四是不能用生米做饭的，所以家家户户都提前把饺子包好、馒头蒸好，以备食用。到了初五这天，才开始做新饭。家家户户和面、剁馅，准备包饺子。剁馅时，菜板要剁得当当响，让街坊四邻听到，还要把"小人"吓跑。吃饺子，也是为了"捏小人嘴儿"。吃蒸饺，代表"蒸蒸日上"。当然，连续吃了多顿水饺，换换口味，也是必须的。

破五买卖要开张。按照旧俗，春节期间，大大小小的商家、店铺、食肆都要关门歇业，到了初五才重新开张迎客。初五零时零分，

春节：初五是财神爷的生日

商家要打开大门和窗户，在门口放鞭炮、点烟花，迎财神。相传，正月初五是路头神即财神的生日。财神是五神（户神、门神、灶神、土神、行神）中的行神，他管出行。有了他的保佑，东西南北中各路的财富都能如期如愿到来。人们迎完财神之后，还要喝路头酒到天亮，期盼一年生意红火，财源广进。现在，商户多选择在初八开业，取"八"有"发"的谐音，有发财之意。

六六大寿

初六，中国一些地方要给到岁数的老人过66岁生日。不论寿星的生日在哪天，都要在初六过66岁生日，俗称"抢六"。"年过六十六，阎王要吃肉"，意思是人活到66岁，阎王都开始惦记他的肉了。为了堵住阎王的嘴，生日这天，寿星老一定要吃猪肉，才能度过这道"坎儿"。初六这天，子女要给老人穿上蓝色的衣服，意思是"拦住"，拦住疾病，拦住衰老。儿媳或女儿还要给老人包66个饺子，还有包68和70个的说法。66个饺子是给寿星食用的，多出的2个或4个，是敬献给天神或地神各1个或一对。饺子的包法也有讲究，事先要准备6两6的面和6两6的肉，取六六大顺之意。因为要让老人一顿吃完66个饺子，所以饺子必须是袖珍的。吃过66个饺子，老人就会顺顺利利，长命百岁。

二、十五元宵节

元宵节的起源

农历正月十五，月圆之夜，是中国传统的元宵佳节。元宵节，也称春灯节、上元节。上元，意思是新年的第一次月圆之夜。道教把一年中的正月十五称为上元节，七月十五为中元节，十月十五为下元

元宵节：灯市

节，合称"三元"。道教早期重要派别五斗米教（天师道），崇奉天官、地官、水官三神，并以三元配三官。上元天官正月十五日生，中元地官七月十五日生，下元水官十月十五日生，每个生日都是一个节日。正月十五因此而称上元节。这是元宵节道教起源说。除此说法外，元宵节的起源还有几种说法。

佛教起源说。东汉时期，汉明帝刘庄笃信佛法，永平十年，出使天竺取佛经的蔡愔满载而归，回到洛阳。蔡愔禀告明帝，称印度摩喝陀国每逢正月十五日，僧众云集，瞻仰佛舍利，点灯敬佛。刘庄听罢，就令皇宫和寺庙效仿，并令士族庶民家家挂灯，渐渐地这种佛教礼仪演变成元宵节。正月十五日，还是中国藏族同胞的酥油灯节。是日，每家每户都要在窗口摆上一排酥油花灯，以纪念佛祖释迦牟尼示现神变降服邪魔。两个节日都在正月十五，且都以灯为主题，也许元宵节与佛教确有某种联系也未可知。

东汉文帝说。吕后独揽朝政，变刘家王朝为吕氏王朝。吕后病死后，诸吕惶恐不安，密谋作乱，企图彻底霸占刘氏王朝。齐王刘襄决定讨伐诸吕。他与老臣周勃、陈平联合，平定了"诸吕之乱"。平乱后，刘邦的第二个儿子刘恒登基，史称汉文帝。刘恒深感太平盛世来之不易，便把平息"诸吕之乱"的正月十五日，定为与民同乐日，京城里家家张灯结彩，以示庆祝。从此，农历正月十五日变成了节日。

太一祭祀说。太一，也做泰一，是北极神，也是传说中最尊贵的天神。《天宫书》说："泰一，天帝之别名也。"在众神仙中，太一的地位要比黄帝还高贵。汉武帝刘彻命落下闳和邓平制作太初历，把正月十五日定为祭祀太一神（天帝）的节日，这是元宵节起源的说法之一。

元宵节起源的说法很多，无法一一介绍，也无法考证到底哪个起源说是正确的。但这丝毫不影响我们享受元宵节带给我们的快乐。

元宵节分为上灯、元宵、落灯三个阶段。正月十三日为上灯，十五日为元宵，十八日为落灯，这六天统称为灯夜。自十三日夜开始，家家户户都在门前点燃灯笼，有的人家甚至在厅堂等处用红绸结彩，并挂起各式花灯。人们在灯下摆起酒宴，共庆佳节。除掌灯外，元宵节习俗还有很多。

元宵节的习俗

汤圆元宵

元宵，古称"浮元子"。相传，元宵是春秋时期的楚昭王无意中发现的。一年正月十五日，楚昭王乘船游长江，见江面有漂浮物，就命人打捞上来，原来是一种外白内红的食物。楚昭王请教孔子，子曰："这是漂浮的苹果，是复兴之吉兆。"这就是现在的元宵。据说袁世凯非常忌讳人家提到"元宵"二字，因为"元宵"与"袁消"同音。

元宵节：元宵

元宵节，当然离不开元宵。说到元宵，必须提到汤圆。所谓北元宵，南汤圆，两种食品貌似一样，实际做法不同。元宵是把馅放在糯米粉里滚动，让馅料不断沾上糯米粉，直至成为圆球形。汤圆则是用糯米面，包馅，揉圆而成的。虽然做法不同，但正月十五日，中国人北吃元宵，南品汤圆，一起欢庆元宵节。

灯谜打虎

猜灯谜是元宵节里最重要的活动。灯谜，也称灯虎，所以猜灯谜，也称打虎、射虎。灯谜是谜语的一种，是中国文人的传统文字游戏。元宵赏灯时，把谜语悬于灯下，供人猜射。宋代周密著《武林旧事·灯品》记载："以绢灯剪写诗词，时寓讥笑，及画人物，藏头隐语，及旧京诨语，戏弄行人。"时至今日，猜灯谜依然是百姓喜闻乐见的游戏。元宵节当天，公园里的灯谜常常会吸引大批的游客，甚至机关单位、街道社区也会组织猜灯谜的活动，足见此活动深入人心，备受人们喜爱。

舞龙祈年

舞龙，也称舞龙灯、耍龙灯。舞龙灯距今已有2000多年的历史，它是中国传统的民间娱乐活动。汉代，舞龙灯在中国民间就已是节日的助兴项目。唐宋时期成为春节常见的表演形式。

元宵节：舞龙

舞龙灯的"龙"和舞龙的"龙"不同。舞龙灯的"龙",据日本中川忠英的《清俗纪闻》记载:"龙灯长达四五间,灯内燃点数十支蜡烛,由数人高举舞弄。"间,是日本量词,为6日尺,日尺与中国市尺相等,1日尺为0.33米。四五间的长度就是7.92米到9.9米。看来古时的龙灯可达10米长,且内置数十支蜡烛。夜间舞动起来,像是一条飞翔的熠熠发光的龙。现在,蜡烛多以彩灯代替,但节日气氛依旧。舞龙的"龙",龙身用竹皮和铁丝扎成圆龙状,节节相连,每节相距约5尺。龙身,平年长12节,闰年长13节。龙头和龙尾单独制作,接上龙头龙尾后,还要举行"点睛"仪式。舞龙前,一人持竿在前引导,竿顶竖一巨球。舞龙时,巨球前后左右不停摇摆,龙头追随巨球作抢球状,龙身上下游动,煞是好看。

舞龙或舞龙灯有"祈年"的意思。这种活动是承继殷周"祭天"习俗,祈祷风调雨顺,国泰民安。

南狮北舞

舞狮,也称"太平乐",是中国传统民间节日活动。南北朝时期,舞狮开始在中国流行,至今已经有1500多年的历史。唐代,舞狮开始在中国普及。诗人白居易《西凉伎》写道:"西凉伎,假面胡人假狮子。刻木为头丝作尾,金镀眼睛银贴齿。奋迅毛衣摆双耳,如从流沙来万里。"诗中生动描写了舞狮时的情景。

在中国,舞狮分南狮和北狮两种。南狮流行于华南、东南亚和海外;北狮则风靡于长江以北。

南狮,也称"醒狮",造型威猛,马步扎实。一般是两人舞一头,一人做头,一人当尾。狮头借鉴戏剧脸谱造型,传统上取"刘备、关羽、张飞"三兄弟题材。三种狮头,颜色不同,舞法各异。黄色为刘备,仁德贵气;红色为关羽,忠义财富;黑色为张飞,雄霸勇猛。舞狮前,通常要举行"点睛"仪式,将朱砂涂在狮子的眼睛和天

元宵节：舞狮

庭上，象征赋予灵气及生命。舞狮时，会配以大锣、大鼓、大钹。狮子在音乐的节奏下舞动。有句话说得好，南狮重写意，北狮重写实。

北狮相比南狮，造型酷似真狮。北狮的狮头简单，全身为金黄色毛。一般也是两人舞一头狮，狮子成对儿同时出场。狮头上有红结者为雄狮，戴绿结者为雌狮。有时还会配一对儿小北狮，小狮子和大狮子玩耍取乐，幽默风趣。

无论南狮北狮，都是元宵佳节必不可少的助兴节目。当然，舞狮并非仅在元宵节出现。时至今日，公司开张、门市庆典、老人祝寿，都少不了舞狮队的身影。

高跷高脚

踩高跷，亦称扎高脚、走高腿，是汉族传统民间舞蹈。表演时，舞者的腿绑上长木跷，站起来比一般人高许多，便于远近观赏。表演有"文跷"和"武跷"之分，文跷者扮相幽默、步法滑稽；武跷人翻转腾挪、踢腿劈叉、展示技艺。

元宵节：踩高跷

高跷表演还有南北之分。南方高跷多表演戏曲中的角色，如关羽、张飞、吕洞宾、何仙姑、济公等。北方高跷，也称高跷秧歌，人物有渔翁、媒婆、傻公子、小二哥、道姑、和尚等。

高跷表演一般由群众自发组织。正月十一、十二开始踩街。正月十五正式上街，直到正月十八落灯结束。

送孩儿灯

孩儿灯是送给新婚女儿的。因"灯"与"丁"谐音，寓意人丁兴旺。女儿出嫁后的第一个灯节，母亲要送大宫灯一对给女儿女婿，希望他们早日添丁进口。如果女儿已经怀孕，还要送小灯笼两对，希望女儿和胎儿都平安健康。

走掉百病

走百病，又称烤百病、遛百病、散百病，是中国民间祈求健康的活动，参与者以妇女为主。所谓走百病，清康熙《大兴县志》载："元宵前后，赏灯夜饮，金吾梦池。民间击太平鼓，走百索，妇女结伴游行过津桥，曰：'走百病'。""走百病"在民间是很讲究的，必须是在特定时间进行，妇女们聚合在一起，或走墙边，或过桥或走郊外，目的是驱病除灾。这是一种消灾祈健康的活动。民间普遍认为，在"走百病"时，还要"摸钉"，方能求吉除疾。"摸钉"，是指到寺观烧香，用手触摸庙中大门上的门钉，以此祈盼家庭人丁兴旺。

元宵节：走百病

元宵偷菜

提起偷菜，很多上网的人都有经验。但你知道中国古代就有偷菜的风俗吗？辽金时期过元宵节时，有"放偷"的习俗。所谓"放偷"，就是元宵节这天，人们可以肆无忌惮地偷窃，民不举，官不究。南北朝时期的契丹族，于正月十三至十五日连续三天"放偷"。"放偷"时，主要是偷别人家菜园子里的青菜，也称"偷青""偷菜"。时至今日，贵州黄平的苗族同胞依然保留着在正月十五日偷菜的习俗。当然，所偷的菜，仅限白菜，数量以够吃一顿为限。大家把偷来的白菜集中在一起，做白菜宴。谁吃得多，谁就最有福气。未婚的吃得多，可以早日找到意中人；养蚕的吃得多，蚕吐的丝就好。

三、寒食清明节

清明节的起源

清明是二十四节气之一。清明节，顾名思义是在清明时过的节。清明节是我国的法定假日，也是中国人民一年一度祭祖扫墓的日子，所以这个节日既重要又特殊。

要想了解清明节，就不得不提到寒食节。说到寒食节，就不得不提到"四海同寒食，千秋为一人"的介子推。据历史记载，在两千多年以前的春秋时代，晋国公子重耳逃亡在外，生活艰苦，三餐不济。介子推不忍重耳挨饿，从自己的腿上割下一块肉让他充饥，重耳非常感激。后来，重耳回到晋国，做了国君（即晋文公），大肆封赏所有跟随他流亡在外的随从，唯独介子推拒绝接受封赏。他带着母亲隐居绵山，不肯出来。晋文公无计可施，只好放火烧山。他想，介子推孝顺母亲，一定会带着老母出来。谁知这场大火却把介子推母子烧死了。为了纪念介子推，晋文公下令每年的这一天，禁止生火，家家户户只能吃生冷的食物，这就是寒食节的来源。

寒食节在冬至后105天开始，共有3天，之后就是清明。唐玄宗李隆基于开元二十年诏令天下，要求"寒食上墓"。北宋教育家吕希哲在《岁时杂记》中云："清明节在寒食第二日，故节物乐事，皆为寒食所包。"现在，寒食节已经并入清明节，人们只知清明，不知寒食矣。

事实上，清明节起源于周代。《周礼·春官·冢人》记载："凡祭墓，为尸。"证明墓祭早在三代时就已经存在。清明节始于周代的说法也越来越得到学术界的认可。

清明：扫墓

清明节的习俗

扫墓上坟

扫墓，俗称上坟，是清明节最重要的活动。古时习俗，清明当天，人们不论高低贵贱均往同姓同族的祖先墓前祭拜扫墓。如今，多数人们只祭扫自家长辈的墓地。古时祭扫，要在供桌上陈列三牲（三牲为鸡、羊、猪，也可用鸡、鱼、猪）和供品点心。祭拜前，先要为墓地拔草，然后用清水和扫帚清理墓地卫生。祭拜时，点香燃烛，浇洒奠酒，焚烧纸钱。扫墓时，女眷多不去。但新婚初嫁的儿媳，当年一定要到婆婆家墓地祭扫。第二年，则可不去。

踏青游玩

踏青，也叫春游、探春。孟浩然诗云："岁岁春草生，踏青二三月。"踏青一般都在清明前后，所以清明节也称踏青节。扫墓时，人

清明：踏青

们带着美食美酒。扫墓后，人们将供品携带至附近荒野空旷处，一起畅饮。《帝京景物略》记载："哭罢，不归也，趋芳树，择园圃，列坐尽醉，有歌者。哭笑无端，哀往而乐回也。是日簪柳，游高梁桥，曰踏青。"高梁桥在北京西直门外，建于元代。据明代文学家袁宏道云："（高梁桥）京师最胜地也。"

踏青时，人们要做许多游戏。主要游戏有荡秋千、放风筝、斗公鸡和踢蹴鞠。

荡秋千。将两根粗麻绳系在相邻两棵树的树杈上，下面用一块木板相连。一人坐或站在木板上，另一人在其背后大力推送，那人就飘荡起来。这就是荡秋千。《古今艺术图》云："秋千本北方山戎之战，以习轻戏者；后中国女子学之。乃以踩绳悬木立架，士女炫服，坐立其上推引之，名曰秋千。"元末熊梦祥的《析津志》云："辽俗最重清明，上自内苑，下至士庶，俱立秋千架，日以嬉戏为乐。自前明以来，此风久革，不复有半仙之戏矣。"中国少数民族如哈尼族、朝鲜族亦有荡秋千的传统。

清明：荡秋千

放风筝。风筝，又称风琴、纸鹞、纸鸢，是一项起源于中国的传统游戏活动。相传春秋时期，木匠祖师爷鲁班制造了世界上第一只能够飞上天空的木鸢。后来，鸢的制作材料由木改为纸，诞生了现在的风筝。风筝用细竹为骨架，再糊以纸张和绢，系以长线，然后借用风力飞上天空。中国风筝有三大产地：北京、天津、潍坊。放风筝还是健身的好运动，古话讲"鸢者长寿"，意思是放风筝有助于延年益寿。

斗公鸡。斗鸡，又称打鸡、咬鸡、军鸡。最早的斗鸡活动载于《左传·昭公二十五年》："季、郈之鸡斗，季氏介其鸡，郈氏为之金。"季，即季平子，春秋时期鲁国正卿（相当于现在的总理）。郈，郈昭伯，春秋时期鲁国大夫（相当于部级官员）。季与郈不和，双方各用一只勇敢好斗的公鸡相斗。斗鸡时，季在鸡翅膀上撒了芥子粉，郈大败。郈知道季的招法后，在鸡爪上装上锋利的小铜钩，季平子的鸡眼睛被抓瞎。看来古人斗鸡真是不择手段啊！斗鸡时一定要选择性格凶猛善战的公鸡，两只鸡放在一起，就会互相啄咬，直到其中一只公鸡败下阵来，斗鸡才宣告结束。

清明：斗鸡

踢蹴鞠。蹴鞠，又称中式足球。起源于春秋战国时期的齐国，《汉书·霍去病传》注："鞠，以皮为之，中实以毛，蹴蹋而戏也。"意思是说，鞠是一种内充棉毛，外用皮革缝制的球。踢这种球的游戏，就叫蹴鞠。宋代，蹴鞠活动在中国非常普及。《水浒传》中的高俅因蹴鞠技艺高超而被宋徽宗赏识，封官赐爵，可见宋人从上到下对此游戏的喜爱。

清明：蹴鞠

四、五月端午节

端午节的起源

端午节，又称端阳节、午日节、五月节。端，是"初始"之意。端午，即初五。端午节为每年农历五月初五日。在湖北、湖南、贵州、四川等地，端午节又分为小端午和大端午。小端午为每年农历五

端午节：粽子

月初五，大端午为每年农历五月十五日。端午节既是中国传统节日，又是法定节日。端午节深受国人喜爱，有关它起源的传说也非常多。

有关端午节起源的传说主要有：

纪念屈原说。这是最广为人知的说法，也是最为百姓所接受的说法。屈原，名平，春秋时期楚国的三闾大夫。当时，楚国面临秦国威胁，危在旦夕。屈原向楚怀王进言"联齐抗秦"，楚怀王谨慎接受，与齐国结成齐楚联盟，对抗秦国。秦国宰相张仪决定破坏齐楚联盟，于是辞去宰相职位，前往楚国游说楚怀王。楚怀王在善于权谋纵横之术的张仪的蛊惑下很快就抛弃了屈原的主张，将其流放到沅、湘流域。不久，秦国大军顺利侵入楚国京城。屈原看到国要破、家将亡，奋笔疾书绝命诗《怀沙》。"怀沙"，南宋理学家朱熹解释为"怀抱沙石以自沉"。屈原慨叹"知死不可让，原勿爱兮"（意思是，明知死神躲不过，就干脆舍弃一切把命抛）。公元前278年农历五月五日，屈原抱石投汨罗江而死。后世人们感念屈原的爱国精神，就在五月五日这天过端午节纪念他。

子胥曹娥说。这个故事要从伍子胥说起。春秋时期吴国大夫伍子胥出使齐国，吴王夫差听信谗言，疑其不忠，派人送剑赐其死。伍子胥死后，尸体于农历五月五日用马革裹束，投入大江。伍子胥在江水中变成涛神，与吴国作对。人们为平息其怒火，以便顺利出行，便在五月五日这天纪念他。东汉安帝二年五月五日，上虞音乐家曹盱在江中祭祀涛神伍子胥的时候，不幸溺水而亡。曹盱之女曹娥当年才14岁，哭天抢地，悲伤欲绝。哭了17天后，曹娥突然投江而去。五天后，曹娥抱着父亲曹盱的尸体从江中出来。人们钦佩曹娥的孝顺，为了纪念她，就决定在五月五日过端午节。这个传说最早见于汉末邯郸淳写的《曹娥碑》，后来经过人们演绎，逐渐变成纪念伍子胥或曹娥说，把伍子胥说成是忠臣；认为曹娥是孝女。当然，传说就是传说，不能以信史相待。

龙图腾祭说。这个说法是中国著名诗人兼学者闻一多先生提出来的。春秋时期，吴国与越国经常交战，后来人们把"吴越"并称，比喻仇敌。吴越，地处现在的江苏、安徽、浙江一带，当地人以龙为图腾。他们把舟船造成龙形、断发文身、敬畏鱼虫水兽。闻一多先生研究发现，端午节的很多习俗都与龙有关：龙舟竞渡、扬州铸盘龙镜、端午日调制守宫、端午日鱼变龙等。所以闻一多先生认为端午节是龙图腾民族举行龙图腾祭的节日。

对于屈原、伍子胥、曹娥的纪念，一般认为是祭祀诸神。蚕神、农神、张天师、钟馗亦在诸神之列。此外，还有夏至说、太阳说、恶日说（五月是毒月，五日是恶日）、吴王夫差疏通运河说、越王勾践训练水师说等。更有意思的是介子推割股救重耳也被人认为是端午节的起源传说之一。端午节不仅传说多，和它有关的民俗活动也非常多。

端午节的习俗

端午节的习俗可以用丰富多彩四个字来形容。端午日，人们要做的第一件事是插艾蒿和菖蒲；人们要吃的食物是粽子；人们要玩的游戏是赛龙舟。如果按类分，可以分成以下三类：

辟邪禳灾

"端午节，天气热。'五毒'醒，不安宁。"端午节，也称五月节。先秦时代的人们认为五月是毒月，在这个月份避毒是首要之事。所谓毒是指五毒，即蝎子、蛇、壁虎、蜈蚣、蟾蜍。把这五种毒物绘

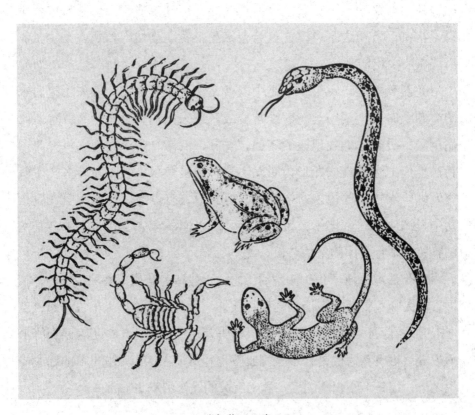

端午节：五毒

在黄纸上，就是五毒图。清代，中国北方人家会把五毒图挂在门首，辟邪祛祟。

与五毒相克的是天中五瑞。天中五瑞，即菖蒲、艾蒿叶、石榴花、蒜头、龙船花。五瑞之首是菖蒲。李时珍的《本草纲目》认为菖蒲是"开心孔，补五脏，透九窍，明耳目"的上好药材。过去讲"刻菖蒲"，是把菖蒲刻成剑形悬于门楣上辟邪。悬于门楣上用来辟邪的还有艾蒿，俗称插艾。艾蒿，又名艾草、家艾，它的茎、叶都含有挥发性芳香油，可驱蚊蝇、虫蚁。艾蒿要扎成人形或虎形，也称"艾人"或"艾虎"。或制成花环配饰，戴在头上，祛瘴禳灾。石榴花有"止鼻阻、吐血、外伤出血"的作用，台湾、闽南把石榴花作为辟邪祛凶之物。蒜头，因外形酷似古代兵器——大锤，或悬于床户，或食用，用以祛鬼。龙船花，又名仙丹花、水绣球。花开时，四片花瓣平

端午节：天中五瑞

展成一个个十字。在中国古代，十字图形代表辟邪驱魔，每到端午，划龙舟的人们为祛五毒，求吉利，就把龙船花插在龙舟上。人们在端午节的辟邪活动还有：

蓄兰沐浴。五月五日，也称浴兰节。兰，不是兰花，而是指菊科植物佩兰，也称兰草、鸡骨香、水香。《夏小正》记载："五月蓄兰，为沐浴也。"取佩兰若干，用水熬煮，此水就是兰汤。在端午之日，全家老幼皆用兰汤洗浴，据说可治皮肤病、祛邪气。《神农本草经》记载，佩兰有"杀蛊毒，辟不祥"的药效。除佩兰外，菖蒲和艾蒿也是煎汤的好材料。这个习俗至今尚存。

缠五色线。五色线，也称五彩缕，是用红、黄、蓝、白、黑五种颜色的彩线，拧成一股绳。端午日，将五色彩线拴在小儿手腕、脚腕、脖颈上，据说可以辟邪、禳灾。还有一种说法，认为佩戴五色线可以续命，所以它亦被称为长命缕。五色线一直要戴到六月六才能剪

端午节：香包

下来，扔在河水里冲掉。

佩戴香包。香包，古称香囊、荷包。它是用彩线在彩绸上绣制出各种吉祥图案，缝制成形状各异、大小不一的囊包，内装用白芷、川芎、芩草、排草等中草药制成的香料。小儿佩戴，可以防蚊虫叮咬。

挂钟馗像。钟馗，唐初长安终南山人，是中国人心中的"赐福镇宅圣君"。他虽生得豹头环眼，铁面虬髯，相貌奇异，然而却是个才华横溢、满腹经纶的人物，平素正气浩然，刚直不阿，待人坦诚，肝胆相照。钟馗在唐高祖武德年间，入京应试高中状元，但因相貌奇丑被除名。他盛怒之下头撞台阶而死。高祖李渊闻听此事，心生悔意，

端午节：钟馗

便命厚葬钟馗，并赐绿袍一件。钟馗死后成鬼王，曾为唐玄宗李隆基捉鬼。春节时钟馗是门神，端午节他是斩五毒的天师。每到端午，人们便将钟馗请来，或贴在大门外，或挂于室内，弹压鬼怪。

端午美食

南北粽。粽子，古称角黍。李时珍在《本草纲目》中介绍了角黍的做法：用菰叶裹黍米，煮成尖角或棕榈叶形状的食物。菰（音姑）叶，就是茭白叶。明清以后，多用糯米，始称"粽子"。粽子的起源据说与纪念屈原有关。相传屈原投汨罗江后，百姓为保其尸体不被鱼虾所食，纷纷将米粮撒入江中。不久，屈原托梦，告诉百姓米粮被水中蛟龙食用。如果用艾叶包裹米粮，再绑以五色绳，则可免遭蛟龙吞食。这就是粽子的起源。时至今日，粽子有了南北之分。南北粽子的区别，首先是粽叶不同。南粽用箬（音若）叶竹的叶子——箬叶，箬叶竹的杆是制作毛笔杆的佳材。箬叶宽，非常适合初学者包粽子。北粽用芦苇叶。芦苇叶窄，需要几个叶子才能包一个粽子。但苇叶清香，煮出来的粽子非常好吃。其次，馅料不同。南粽以广东为代表，它的特点是个头大，外形别致，除鲜肉粽、豆沙粽外，还有用咸蛋黄做成的蛋黄粽，以及用鸡肉丁、鸭肉丁、叉烧肉、冬菇、绿豆蓉等调配为馅料的什锦粽。北粽以北京为代表，它的特点是个头较小，为斜四角形。一般用大黄米包，再配以红枣或豆沙，口感黏韧清香。

雄黄酒。雄黄，又名雄精、石黄。它是一种矿物质，俗称鸡冠石，产于湘、甘、滇、川等地。性温、有毒，是中药材。可外用，亦可内服，主治恶疮、虫蛇咬伤。雄黄酒，是将菖蒲根切细、晒干、研磨，拌上少许雄黄，泡以白酒而成。"五月五，雄黄烧酒过端午"，端午节喝雄黄酒的习俗也和屈原有关。据说，人们把米粮投入汨罗江的时候，一位老郎中还倒了一坛雄黄酒，说是鱼虾和蛟龙喝了，会晕倒，这样可以保护屈原的尸体。不多时，一条蛟龙真的漂浮在江面。

于是，人们把它拖上岸，抽筋剥皮。之后把龙筋缠在小儿的手腕、脚腕和脖颈上，再用雄黄酒抹七窍，使孩子免受虫蛇伤害。过去，每到端午，家长要用雄黄酒在小儿的额头上写个"王"字，寓意孩子是个小老虎，让鬼怪不敢近身。还要用雄黄酒涂在小儿的手心、脚心。此外，人们要在墙角等处洒雄黄酒，以祛毒虫。

用雄黄酒为小儿涂王字

运动游戏

赛龙舟。龙舟，顾名思义，是外形像龙的船。春秋时期，越国龙图腾祭，就在船身绘上龙纹，船头刻龙头，船尾雕龙尾。据说屈原投汨罗江后，当地百姓争先恐后划船相救，唯恐落居人后。后来，就演变为端午节龙舟竞渡的习俗。龙舟竞渡的习俗，广泛流行于长江中下游和西南少数民族地区。民国时期，北京北海曾举办过从北岸五龙亭到南岸琼岛漪澜堂的有奖划船比赛，深受百姓欢迎。2007年，第一届中国大学生龙舟锦标赛在端午节期间开锣，截至2011年，已经成功举办过四届。

斗百草。百草，泛指植物。斗，分武斗和文斗。每到端午，家中小童与邻居玩伴便以植物叶柄相互勾拽为戏，断者为输。白居易有"弄尘或斗草，终日笑嘻嘻"之句描写孩子们的欢乐。这是武斗。文斗，就是以对仗的形式对花草的名字，多者为赢。《红楼梦》第六十二回中，宝玉生日那天，众姐妹们忙忙碌碌安席饮酒作诗。各屋的丫头也随主子取乐，薛蟠的妾香菱和几个丫头各采了些花草，斗草取乐。这个说，我有观音柳；那个说我有罗汉松。描写的就是文斗场景。

此外，端午节还有射柳、打马球、射粉团等游戏。

五、中秋团圆节

中秋节的起源

每年农历八月十五，是中秋节。中秋一词最早出现在《周礼·夏官·大司马》。《唐书·太宗记》有"八月十五中秋节"的记载，宋代正式定中秋为节日。中秋节又称"秋节"、"八月节"、"八月会"、"团圆节"、"女儿节"、"月节"等。

相传中秋节起源于嫦娥奔月。远古时有一年，天上突然出现了十个太阳。大地受炙烤，百姓生存难。英雄后羿为民除害，搭弓射箭，九只太阳纷纷坠落，人们的生活重回正轨。一天，后羿巧遇王母娘娘，便向其讨要一包长生不老药。王母娘娘告诉后羿，服下此药即可升天成仙。可是长生不老药只有一包，后羿不舍妻子嫦娥，就把药交给嫦娥保管。这事被徒弟逢蒙意外看

端午节：嫦娥奔月

到，他暗中想方设法要得到长生不老药。不久，后羿外出打猎，逢蒙便托病未去。待到后羿走后，逢蒙见四下无人，拔剑逼嫦娥交出长生不老药。嫦娥知道自己不是逢蒙的对手，危急之下，吞下长生不老药。嫦娥服药后，身体立时离地，飞向天空。由于牵挂丈夫后羿，便飞到离人间最近的月亮安了家。后羿回来后，不见爱妻，却看见圆圆的月亮上，有嫦娥舞动的身影。于是，后羿摆设香案，放上嫦娥喜爱的蜜食鲜果，遥祭爱妻。后来百姓纷纷效仿，中秋节便这样产生了。

祭祀嫦娥逐渐演变成拜月。拜月有多种方式，有向月亮行跪拜礼的；有供奉月光神祃的；有供奉木雕月姑的。月光神祃，是一种特制的"月光纸"，上面绘有月光菩萨像。月光神祃可以在市场上买到，也可以从道观请来。拜月时，要把神像供奉或悬挂在月出的方向，同时要设供案、摆供果供品。供果供品有西瓜、柚子、葡萄、芋头、香蕉、柿子、花生、清茶、素油、美酒、月饼等。月亮升起，烧香上供。

民谚"男不拜月，女不祭灶"。拜月主要由妇女主持，但有的地方男人也拜月。拜月后，烧月光神祃，然后撤供品，与家人分食。

中秋节的习俗

吃月饼。这个习俗相传起源于元末张士诚起义。中秋节，他向百姓馈赠麦饼，在饼内夹带字条，上写"八月十五杀元兵，家家户户齐动手"，相约在八月十五夜同时起义。八月十五夜，人们掰开月饼，看到字条，便纷纷拿起武器，起兵反元。从此，中秋夜吃月饼的习俗一直流传至今。如今，美国华人餐馆里有赠送"幸运饼"的习惯。当然，里面夹带的字条已经不是起义的约定，而是人生的祝福了。

中国月饼种类颇多，有广式、苏式、京式、潮式、滇式、徽式、衢式。月饼的做法各异，但基本都是以酥面为皮，馅料则各式各样，不胜枚举。以口味分，有甜、咸、甜咸、麻辣等；以原料分，有五

仁、豆沙、蛋黄、火
腿等。

月饼之外，人
们还吃螃蟹。农历八
月十五，正是蟹肥之
时。这天拜月之后，
主妇会把螃蟹蒸熟，
佐以醋汁、姜末，再
配上美酒。讲究的人
家会使用专用的吃蟹
工具，更讲究的会把
吃过的蟹壳和八爪摆
在一起，还是原来的
蟹形，那是吃蟹的最
高境界。

中秋节：月饼

兔儿爷。爷，
是封建时代对高贵人或长辈男子的尊称，进而引申到对神的尊称，如
灶王爷、土地爷。玉兔不是凡间的家畜，而是广寒宫里的神兔。中秋
时，要"请"一尊泥塑的称为"爷"的"兔儿"回家，然后恭而敬之
地"供"起来。兔儿爷是用泥巴抟出兔形，过去是祭月之物，后来成
为中秋节儿童手中的玩具。兔儿爷大的有三尺多高，小的只有三寸，
均是粉白面孔，头戴金盔，身披甲胄，背插令旗或伞盖。它的坐骑有
狮、虎、鹿、象等。兔儿爷左手托臼，右手执杵，做捣药状。老舍先
生在《四世同堂》中这样描写："脸蛋上没有胭脂，而只在小三瓣嘴
上画了一条细线，红的，上了油；两个细长白耳朵上淡淡地描着点浅
红；这样，小兔的脸上就带出一种英俊的样子，倒好像是兔儿中的黄
天霸似的。它的上身穿着朱红的袍，从腰以下是翠绿的叶与粉红的

中秋节：兔儿爷

花，每一个叶折与花瓣都精心地染上鲜明而匀调的彩色，使绿叶红花都闪闪欲动。"

此外，江西还有烧瓦子灯、安徽有打中秋炮和走田野、福建和台湾有抢状元饼的习俗。

中秋节又是团圆节。"但愿人长久，千里共婵娟。"人们在中秋夜赏月之余，享受与家人团聚的快乐。

六、重阳登高节

重阳节的起源

每年农历九月九日为重阳节。《易经》以"九"为阳，九月九日，日月并阳，两九相逢，故称重阳，也叫重九。重阳节始于战国时期，唐代正式成为民间节日。相传东汉汝南人桓景跟随方士费长房学道术多年。一天，费长房对桓景说："九月九日，你家有大灾。你赶紧回家，告诉家里人做红色的茱萸荷包，系在胳膊上，登上山顶，饮菊花酒，就可以消灾解祸。"桓景赶回家，按费长房所言，一一做到。一家人在山顶待了一天。晚上回到家，看见家里养的鸡犬牛羊，

重阳节

都已经死去。费长房听说这事，叹道："它们是代替你的家人而死的。"从此，人们每到九月九日，就登高、饮酒，妇人佩戴茱萸荷包。还要把家畜放纵于野外，不能关在圈里。这就是重阳节的起源。

重阳节的起源还有一种说法。很久以前，陕西骊山脚下住着一户勤劳、善良的人家。有一天傍晚，男主人从地里劳作归家的路上，看到一位衣衫褴褛的道士呆坐在路边。男主人好心上前询问，得知道士在骊山迷了路，已经两天没有吃东西了。男主人看天色已晚，便热情地邀请道士到家里做客。

回到家，女主人听丈夫讲述道士的境遇，非常同情。她不仅给道士做了可口的饭菜，还把家中唯一的舒服的炕让给道士，并让男主人陪其住，自己带着孩子在灶房打了个草铺，对付了一宿。

这一切，道士都看在眼里。第二天吃过早饭后，道士要上路。女主人怕他路上挨饿，把刚刚蒸好的白馒头装了满满一袋子，交给道士。道士出了门，走了十几步，又返回来，对站在门口相送的男女主人说："到九月初九，全家要往高处走。"男女主人面面相觑，刚想问为什么，道士已经不见了踪影。

转眼到了九月初九。男女主人一早就准备了大量的食物和酒，让孩子们招呼所有邻居上山游玩饮酒作乐。邻居们接受了男女主人的邀请，全村人一起上了山。

刚到山顶，大家就看见一股猛烈的山泉从半山腰喷涌而出，山脚下的房子瞬间被淹没了。这时，男女主人把道士和他们的对话，原原本本地告诉了大家。大家恍然大悟，纷纷向男女主人施礼，感谢救命之恩。

从此，每到九月初九，这个村子的人都要登高上山。渐渐地，这个习俗传遍了各地，就成了今天的重阳节，登高成了重阳节最重要的习俗之一。

第三个传说仍与桓景有关。相传在东汉时期，汝河有个瘟魔，只要它一出现，就家家有人病倒，天天有人丧命，这一带的百姓受尽了瘟魔的蹂躏。

一场瘟疫夺走了青年桓景的父母，他自己也因病差点儿丧了命。病愈之后，他辞别了心爱的妻子和父老乡亲，决心出去访仙学艺，为民除掉瘟魔。桓景四处访师寻道，访遍各地的名山高士，终于打听到在东方有一座最古老的山，山上有一个法力无边的仙长，桓景不畏艰险和路途的遥远，在仙鹤指引下，终于找到了那座高山，找到了那个有着神奇法力的仙长，仙长为他的精神所感动，终于收留了桓景，并且教给他降妖剑术，还赠他一把降妖宝剑。桓景废寝忘食地苦练，终于练出了一身非凡的武艺。

一天，仙长对桓景说："明天是九月初九，瘟魔又要出来作恶，你本领已经学成，应该回去为民除害了。"仙长送给桓景一包茱萸叶，一盅菊花酒，并且密授辟邪用法，让他骑着仙鹤赶回家去。

桓景回到家乡，在九月初九的早晨，按仙长的叮嘱把乡亲们领到了附近的一座山上，发给每人一片茱萸叶，一盅菊花酒，做好了降魔的准备。中午时分，随着几声怪叫，瘟魔冲出汝河，但是瘟魔刚扑到山下，突然闻到阵阵茱萸奇香和菊花酒气，便戛然止步，脸色突变，这时，桓景手持降妖宝剑追下山来，几个回合便将瘟魔刺死剑下，从此九月初九登高避疫的风俗年复一年地流传下来。

魏晋时期，人们插茱萸以辟邪。当时的人并未将这天看作吉日。所以重阳节当天，人们登高、插茱萸、饮菊花酒都是为了辟邪躲灾、驱疫延年。明代重阳时，宫廷上下要吃

重阳节：插茱萸

花糕庆祝。皇帝不能免俗，也要登高。1989年，中国将重阳节定为老人节，呼吁国人敬老、爱老。

重阳节的习俗

登高。这是重阳节里最重要的一项活动。这里的"高"指的是什么呢？古人总结有三高：高山、高塔、高阁。《帝京景物略》记载：

"九月九日，载酒具、茶炉、食榼，曰登高。香山诸山，高山也；法藏寺，高塔也；显灵宫、报国寺，高阁也。"登临高处，人们拿出食物，斟满美酒，尽情嬉戏娱乐。重阳登高在古代其实就是一次合家团聚的郊游活动。如今，人们注重养生和健康，把登高赋予了运动元素。运动有登高，供品也有"登糕"。

登糕。也叫重阳糕、花糕、菊糕、五色糕，是用米粉做成的一寸左右的片糕。以三十到四十个盛入盘中，摆成宝塔形，上面还摆有两只小羊，寓意重阳（羊）。有的还插上十面五色小旗，向灶神上供。如今，重阳节已无固定的登糕，各地在重阳日所吃的松软糕点均可视为登糕。由于糕与高同音，人们会在重阳日的清晨在儿女额头上放一片糕，希望孩子百事俱高。

重阳节：重阳糕

茱萸。落叶小乔木，开小黄花，香气辛烈，是常用中草药。六味地黄丸的主要成分就是茱萸。重阳节也称茱萸节，人们在这天要插茱萸、佩茱萸香囊荷包。所谓插茱萸，就是把采来的茱萸作为装饰，戴在头上。而茱萸香囊荷包，是把茱萸弄成碎末状，装入香囊，因其散发浓烈气味，据说可以辟邪驱灾。

菊花。重阳节还有饮菊花酒、赏菊、簪菊的风俗。菊花酒由菊花、糯米、酒曲酿制而成，古人认为坚持喝此酒会延年益寿，故菊花酒也称长寿酒。菊花酒，一般是头年重阳节所酿，放至第二年重阳日才饮用。为什么要用菊花呢？曹丕云："九月九日，草木遍枯，而菊芬然独秀。"菊花千姿百态，种类繁多，还非常适合观赏。过去，大户人家或旅馆酒肆，会在重阳日，堆菊花山供人观赏，因菊花也称九华，故菊花山也称九花山子。在重阳日，菊花不仅用来赏，还可以用来戴，这就是簪菊。杜牧有诗"尘世难逢开口笑，菊花须插满头归"。头插菊花的作用和茱萸一样，都是用来辟邪的。

归宁。重阳节，也是出嫁的女儿回家省亲的日子，因此重阳节也称女儿节。这一天，女儿要回家吃重阳糕。中国传统的女儿节在正月二十三日，七夕节也是传说中的女儿节，加上重阳节，一年中就有三个女儿节了。

由于活动繁多，唐代的重阳节一般要持续两到三天。李白有"菊花何太苦，遭此两重阳"之句，"两重阳"说的就是九月九日、十日过两天重阳节的事。今天，重阳节虽然是传统节日，但不是国家法定假日。因此，很多传统节日习俗也仅仅保留在书籍里了。

第三章 法定节日

按照中华人民共和国国务院颁布的《全国年节及纪念日放假办法》的规定，中国的法定节假日共11个，分别为：新年（1月1日）、春节、妇女节（3月8日）、清明节、劳动节（5月1日）、青年节（5月4日）、儿童节（6月1日）、端午节、中国人民解放军建军纪念日（8月1日）、中秋节、国庆节（10月1日）。其中，春节、清明、端午、中秋四个节日已经在上一章说过了，这里仅介绍其他七个节日。

一、元旦贺新年

新年的来历

新年，也称元旦。公元前46年，罗马共和国独裁官儒略·凯撒宣布采用希腊天文学家索西琴尼计算的历法，即儒略历。儒略历规定1月1日为新年日，即元旦。这就是西历元旦的起源。

西历在中国使用始于孙中山先生。1912年1月2日，孙中山通告各省，宣告中华民国改用阳历，以黄帝纪元四千六百零九年十一月十三日（即辛亥年十一月十三日）为中华民国元旦。辛亥年十一月十三日正是公历1912年1月1日。

新中国成立前，1949年9月27日，中国人民政治协商会议第一届全体会议通过了《关于中华人民共和国纪年的决定》，"宣布中华人民共和国的纪年采用公元，把公历的元月一日定为元旦"。

关于是否使用公元纪年，当时还有很多争论，事情是这样的：

政协第一届全体会议筹备会第六小组主要讨论纪元使用问题。小组成员中有人认为应该采用中华人民共和国纪元。有人倾向于继续采用中华民国纪元。还有人提议用黄帝纪元。各有主张，争论不止。经过调查研究，小组成员发现世界上绝大多数国家都采用公元纪年。于是大家一致同意采用公元纪年，并向大会上报方案。

9月25日，毛泽东、周恩来在中南海丰泽园召开有关国旗、国歌等问题的会议时，专门提到了纪元问题。大多数人对公元纪元持肯定态度，但也有人反对："政府采用公元纪元，民间也可能采用农历等其

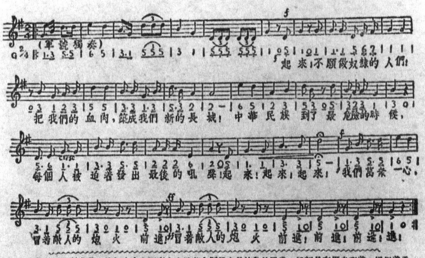

中国国歌

他纪年，会不会有冲突？"

毛泽东看到大家争论激烈，就说："老百姓要用其他纪年，我们也没有办法。我们不能制定法律去处罚他们。过去用中华民国年，老百姓用甲子年，他们学会用了。但是，我们的政府还要有个决定：采用哪个年号？"

黄炎培发言说："我同意毛主席的意见。有人说采用公元纪年是以耶稣降生之年为纪元，是基督教国家的年号。据我们调查了解，其实许多非信仰基督教的国家也采用公元为纪年。现在公元纪年已成为国际习惯通用的年号。少数国家采用本国纪元，但在行文写到本国纪年时，常常还要加注公元多少年，麻烦得很。"

听了黄炎培的话，毛泽东风趣而幽默地插话说："就是耶稣也不坏嘛！耶稣和今天某些国家借推行基督教进行帝国主义侵略并不一样。"

就这样，大家一致决定采用公元纪年。9月27日，此决议在大会上正式通过。从此，中国人的生活中多了一个节日：新年（元旦）。

新年的法定假日是一天。与美国、英国、新加坡等国一样，中国新年的法定假期为一天。而日本要从12月29日放假到1月3日，共六天。世界上第一个过新年的国家是大洋洲的岛国汤加，最后一个是大洋洲的西萨摩亚。有意思的是，两国同在南半球，位于西经171—175度之间，只是中间有一道无形的国际日期变更线。在变更线西侧的汤加就成为第一个迎接新年的国家。东侧的西萨摩亚却变成最后一个。

新年的活动

新年最国际化的庆贺方式是寄送贺年卡和除夕夜倒数。

寄送贺年卡。每到新年，人们都有互送贺年卡的习俗。其实，中国古代也有类似贺年卡的东西，叫全名帖。全名帖为纸质，六折，无色。上写"贺新禧，某姓某名恭"。过年时，下级官员如知府、知县要持全名帖进谒上司衙门拜贺新年。全名帖只是一种单向的贺年卡，即下级向上级拜年。而现代的贺年卡体现的却是平等和友谊。改革开放后，中国邮电部为祝福新年，于1981年发行了贺年邮资明信片，这是一种含邮资的贺年卡。不久，在各大书店里，都可以买到制作精美的双折贺年卡，青年学生之间、亲戚朋友之间、单位同事之间开始在年尾互赠贺年卡祝贺新年。随着科技的进步，手机短信、微信和电话拜年渐渐取代了贺年卡。不过，在同质化贺年语充斥手机的今天，如果能收到一张朋友或家人寄来的贺年卡，您会不会为对方的诚意祝福感动到落泪呢？

除夕夜倒数。倒数计时从何而来呢？1926年3月16日，世界上第一枚液体推进火箭在美国马萨诸塞州的奥本市郊一个农场试飞成功，在世界上激发起一股"宇航潮"。为迎合这股潮流，德国的乌发电影公司，决定拍摄一部描述太空旅行的科幻片《月球少女》。在影片的拍摄过程中，该片导演里兹·郎格在火箭发射的镜头中设计了倒数计时发射程序，即"3、2、1，发射！"这一发射程序引起了发射家们的兴趣，他们认为，这种倒数计时发射程序是十分科学的，它简单明了，清楚准确，突出地表示了火箭发射准备时间的逐渐减少，使人们思想集中，产生一种紧迫感。很快，倒数计时发射程序被普遍采用了。如今，世界上最著名的新年除夕夜庆祝地点应当首推美国纽约时代广场。除夕夜，会有数以百万计的来自世界各地的人聚集在时代广场及其周围的街道上，而最激动人心的莫过于23点59分开始的60秒倒数计时。广场上的人一起呼喊，场面热烈又令人激动。60秒倒数完毕，新一年正式来临的那一刻，悬在广场上的大彩球将会打开，放出无数彩带，众人欢呼的欢呼，接吻的接吻，陶醉在新年的祝福中。

由于传统上以农历正月初一春节为新年，所以元旦在中国的气氛并不热烈。最能感受到元旦气氛的要数青年学生了。因为过了元旦就是寒假，同学们在元旦的除夕夜都要在学校开新年晚会，互致祝福。

二、三八妇女节

妇女节的来历

妇女节，全称国际劳动妇女节，又称三八节、三八国际妇女节。时间是每年3月8日。妇女节冠以国际之名，表明这个节日并不是国产的。那么，世界上第一个国际劳动妇女节是如何产生的呢？

提到三八妇女节，就一定要知道国际妇女运动之母——克拉拉·蔡特金。克拉拉·蔡特金（1857—1933），生于德国萨克森地区的一个教师家庭。她是德国社会民主党和第二国际左派领袖之一、国际社会主义妇女运动领袖之一、德国共产党创始人之一，后世尊称其为国际妇女运动之母。要想了解三八国际妇女节，须先知道美国妇女节的产生原因。

1908年3月8日，美国纽约15000名妇女上街游行，要求缩短工作时间、提高待遇、获得选举权和禁止童工。她们的口号是"面包和玫瑰"，面包代表经济安全；玫瑰表示高质量生活。5月，社会党决定每年2月最后一个星期日

克拉拉·蔡特金女士

为美国妇女节。1909年2月28日，美国庆祝了历史上第一个妇女节。可惜的是，这个节日到1913年就无疾而终了。蔡特金女士受到启发，决定创立国际妇女节。

蔡特金女士提议创立国际妇女节。1910年8月，第二次国际妇女代表大会在丹麦首都哥本哈根举行，国际妇女联合会书记处书记蔡特金女士倡议：为纪念1908年纽约妇女的示威游行，将3月8日定为国际劳动妇女节。倡议得到来自17个国家100多位妇女代表的支持，但大会并未确定一个固定的妇女节日期。1911年，奥地利、丹麦、德国和瑞士将妇女节定为3月19日，超过100万人在当天参加了集会。除了要求得到选举权和政府公职权，她们还要求得到平等的工作和就业培训机会，并且要求消除工作中的性别歧视。3月25日，纽约发生了悲剧，纽约著名的三角工厂发生了火灾，一场大火夺去了140多名女工的生命，她们大多是意大利和犹太移民。这个事件给了美国政府极大的压力，工作环境恶劣造成的灾难不容忽视，国际妇女节的制定摆上了桌面。1913—1914年，在第一次世界大战前夕的和平运动中，俄国妇女在1913年2月的最后一个星期天庆祝了她们的第一个节日。而随后的几年，在欧洲的其他地方，妇女们总是在3月8日前后举行集会，表达她们团结起来抵抗战争的决心。1917年，200多万俄国士兵死在战争中，俄国妇女再次选择在2月的最后一个星期天为"面包与和平"举行罢工。她们不顾政府的反对，走上街头游行。四天后沙皇不得不退位，临时政府赋予妇女们选举权。这个历史性的星期天是罗马公历（儒略历）的2月23日，而在其他国家所使用的阳历中，这一天是3月8日。

国际的介绍过了，那么，中国的第一个妇女节始于何时呢？

1924年中国庆祝了第一个妇女节。促成此事的人，是中国妇女运动领袖——何香凝女士。何香凝（1878—1972），广东南海人，中国民主革命的先驱。她早年追随孙中山先生，是同盟会的第一位女会员。1924年2月下旬，国民党中央妇女部开会，何香凝在会上提出"纪念三八国际劳动妇女节"的建议，得到与会者的一致赞同。在她的努力工作和精心准备下，3月8日上午，中国各界妇女代表2000多人在广州市第一公园隆重集会，举行中国首届"三八国际妇女节"大会。何香凝女士主持会议，并发表了热情洋溢的讲话，提出"废除多妻制、禁止纳妾"等维护妇女权益的口号，开创了中国妇女运动史上的一个新纪元。

新中国诞生后，中央人民政府政务院于1949年12月通令全国，确定3月8日为国际劳动妇女节。2007年12月14日，国务院发布《关于修改〈全国年节及纪念日放假办法〉的决定》，规定"妇女"节，妇女放假半天。

妇女节的活动

评选三八红旗手。三八红旗手，是由全国妇联表彰的积极投身改革开放和社会主义现代化建设的伟大实践的先进个人和先进集体。1960年3月5日，全国妇联、全国总工会、共青团中央等单位联合召开《庆功表彰迎三八，高举红旗齐跃进》广播大会，授予6305名先进妇女"全国三八红旗手"称号。2004年起，更在历届三八红旗手中评选出三八红旗手标兵，以表彰在各行业做出突出贡献的妇女。每年仅有10人获此殊荣。

除全国妇联外，省、市、县等几级妇联都会评选当地的三八红旗手、三八红旗手集体、三八红旗手标兵。

三、五一劳动节

劳动节的来历

劳动节，全称五一国际劳动节。这个节日的产生与发生在美国芝加哥的干草市广场事件有关。事情是这样的：1884年10月，美国及加拿大行业组织与工会联盟一致决定，"从1886年5月1日起，实行八小时工作制"。随着日期的临近，美国工会组织为支持八小时工作制的实行，准备进行总罢工。

1886年5月4日，芝加哥工人在干草市广场集会罢工，支持八小时工作制。当天细雨绵绵，罢工在和平的气氛中进行，维持秩序的警察和工人相安无事。不久，警察奉命驱散罢工人群，场面开始变得混

五一节：芝加哥干草市广场事件

乱。突然，一个不明身份的人向警察投掷了一枚炸弹，于是警察向人群开枪，造成四名平民、七名警察死亡，数十人受伤。这就是干草市广场事件。

事件发生后，八名无政府主义者被逮捕，虽然他们当中无人向警方投掷炸弹。八人中，七人被判死刑，一人被判十五年有期徒刑。伊利诺伊州州长将两名死刑犯改判无期，还有一名死刑犯在狱中自杀。1887年，其他四名死刑犯被处以绞刑，被捕八人中仅剩三人。1893年，伊利诺伊州新任州长公开向在狱中的三名被告道歉，谴责审判，并释放了他们。

芝加哥干草市广场事件后，第二国际决定举行周年纪念活动。1889年，第二国际第一次会议在巴黎召开。美国劳工联合会领导人龚帕斯给第二国际成立大会发去贺电，并提议将5月1日作为一个国际劳动节来庆祝。

1890年5月1日被认为是世界上第一个五一节。此后，第二国际又相继公布四个决议，明确五一国际劳动节的日期、内容和活动方式。

布鲁塞尔决议。1891年8月，第二国际举行第二次代表大会，通过了《关于为实现八小时的工作制原则、实施劳动规章以及巩固无产阶级在各国人民之间建立和平的信念而庆祝国际五一节的决议》。该决议指出："代表大会为了使五月一日保留它的真正的经济性质，即要求八小时工作日和加强阶级斗争，规定世界各国工人在五月一日举行统一的示威游行。建议举行示威游行的地方都停止工作。"这次会议确定了五月一日为一年一度的示威游行日，第一次提出了"五一节"的概念。

苏黎世决议。1893年8月，第二国际举行第三次代表大会，通过了《庆祝五一节》的决议，强调在条件许可的地方，争取五一节休假，停止工作。

巴黎决议。1900年9月，第二国际第五次代表大会，通过《五一节》决议，强调"五一示威游行是要求实行八小时工作制的最适当的形式；它认为，"停止工作是最有效的示威形式"。

阿姆斯特丹决议。1904年8月，第二国际举行第六次代表大会，通过了《庆祝五一节》的决议，要求"凡在有条件于5月1日停工而无损于工人利益的地方，应当争取停止工作"。

第二国际通过发布五个决议，明确了五一节的日期、内容和形式。五一节的影响也传到了中国。1918年，一些革命知识分子开始在苏、杭、沪等地散发传单，宣传五一节和工人运动思想。

1919年10月，国际劳工组织在美国华盛顿成立，议决中国劳动时间制，以每日十小时为原则，每星期必须休息一日，并从速制定工厂法。中国政府仅派巴黎和会代表团成员顾维钧参加了国际劳工组织成立大会（万国保工大会），未派劳工代表参加，引起国内劳工组织不满。议员何海鸣等人和中国劳工同盟会郑浩然相继向政府提出抗议。中国工人开始觉醒。

次年5月1日，中国首次大规模庆祝五一国际劳动节。1920年5月1日，《新青年》七卷六号"劳动节纪念号"出版。发表蔡元培"劳工神圣"的题词、孙中山"天下为公"的题词和李大钊的《"五一"运动史》、陈独秀的《上海厚生纱厂湖南女工问题》等文章。同时，还登载了《旅法华工工会简章》及唐山、山西、长江等地的劳动状况调查。

新中国确定五一节为法定节日。中央人民政府政务院于1949年12月作出决定，将5月1日确定为劳动节，全国放假一天。1999年9月，国务院改革出台新的法定休假制度，规定五一节法定节日加上调休，全国放假七天。从此，"五一黄金周"掀起的旅游消费热成为中国经济生活的新亮点，假日经济成为人们津津乐道的新话题。从2007年11月9日开始，国家法定节假日调整方案在人民网、新华网等网站上予以公布，展开民意调查。调整的内容主要包括，五一节由七天调整为三天，减少四天。五一黄金周成为历史。2008年五一节开始，法定休假一天，加上两天调休，共休息三天。

劳动节的奖项

　　"五一劳动奖章"和"五一劳动奖状"是中华全国总工会为表彰在技术创新、管理创新和体制创新中取得显著成绩，为经济建设和社会发展做出了突出贡献的先进个人和集体，是中国工人最高奖项之一。评选办法与劳模相似，也是由全总牵头。财贸金融、文化、教育、新闻、出版、卫生、科研、体育、公安、机关团体等各行各业的职工，一般由省、自治区、直辖市总工会和全国产业工会申报，经全总审定批准。这两个奖项主要集中在"五一"劳动节期间颁发，平时也有少量颁发。

　　全国劳动模范和先进工作者，是国务院表彰的在全面建设小康社会、加快推进社会主义现代化伟大实践中取得显著成绩的先进模范人物，继续解放思想、锐意改革创新的时代先锋，推动科学发展、促进

五一节：五一劳动奖章

社会和谐的行动楷模。获奖者主要来自"五一劳动奖章"和"五一劳动奖状"得主，每五年评选一次，一般在五一节期间发布获奖名单。全国劳动模范和先进工作者是中国劳动者的最高荣誉。2005年全国劳动模范评选有三个第一次：私营业主第一次入选；进城务工人员第一次入选；第一次在全国范围内公示全国劳动模范。2010年，国务院决定授予2115人"全国劳动模范"荣誉称号，授予870人"全国先进工作者"荣誉称号。

四、五四青年节

青年节的来历

与妇女节、劳动节等舶来品相比，青年节是道地的国产节日。1919年1月，第一次世界大战获胜的协约国在巴黎凡尔赛宫召开和平会议，中华民国作为战胜国参加会议。中华民国代表陆徵祥、王正廷在会上提出废除外国在华特殊利益及取消二十一条等正当要求。4月30日，巴黎和会英美法三国会议，决定将德国在山东的一切权益让与日本。中国对于山东问题的交涉宣告失败。面对丧权辱国的条约，中华民国代表居然准备签字承认。消息传来，举国震怒，群情激愤。以学生为先导的五四爱国运动爆发了。

1919年5月1日，北京大学的一些学生获悉和会拒绝中国要求的消息。当天，学生代表于北大西斋饭厅召开紧急会议，决定5月3日在北大法科大礼堂举行全体学生临时大会。5月3日晚，北京大学学生举行大会，高师、法政专门、高等工业等学校也有代表参加。学生代表发言，情绪激昂，号召大家奋起救国。定于5月4日（星期日）齐集天安门举行学界之大示威。5月4日，北京三所高校的3000多名学生代

青年节：五四运动

表冲破军警阻挠，云集天安门，他们打出"还我青岛""收回山东权利""拒绝在巴黎和会上签字""废除二十一条""抵制日货""宁肯玉碎，勿为瓦全""外争国权，内惩国贼"等口号，并且要求惩办交通总长曹汝霖、币制局总裁陆宗舆、驻日公使章宗祥，史称"五四运动"。学生队伍行至曹宅，痛打了章宗祥，并火烧曹宅，引发"火烧赵家楼"事件。随后，抗议活动被军警残酷镇压，学生代表32人遭到逮捕。

　　五四运动是一次彻底的不妥协的反帝反封建的爱国运动。它促进了马克思主义与中国工人运动的结合，造就了一批具有初步共产主义思想的知识分子，为中国共产党的建立做了思想上、干部上的准备。五四运动拉开了中国新民主主义革命的序幕，这场爱国运动推动了中国历史进程，促进了马克思主义在中国的广泛传播。

　　为了继承和发扬五四运动以来中国青年光荣的革命传统，1939年，陕甘宁边区的西北青年救国联合会规定5月4日为青年节。1949年

12月，中央人民政府政务院正式宣布5月4日为青年节。五四运动所倡导的"爱国、进步、民主、科学"精神仍然被当代年轻人所推崇。

按照1949年国务院公布的《全国年节及纪念日放假办法》的规定，"青年节（5月4日），14周岁以上的青年放假半天"，但这一规定没有明确放假适用人群的年龄上限。2008年4月，经国务院法制办同意，"青年节"放假适用人群为14至28周岁的青年，3亿多青年将于每年5月4日放假半天。

青年节的活动

中国青年五四奖章是共青团中央、全国青联授予青年的最高荣誉。候选人必须踊跃投身改革开放和社会主义现代化建设实践，爱岗敬业，勤奋学习，艰苦创业，在工作中做出了突出业绩和重大贡献，是广大青年建功成才的典范；积极参加社会主义精神文明建设，具有良好的社会公德、职业道德和家庭美德，是广大青年精神文明的榜样。中国青年五四奖章每年评选一次，结果在5月4日颁布。

青年节：中国青年五四奖章

五、六一儿童节

儿童节的来历

儿童节概念的提出。1925年国际儿童幸福促进会在瑞士日内瓦举行的关于儿童福利的国际会议上，首次提出了"儿童节"这个概念，并号召世界各国设立自己的儿童节，以保障儿童权利、反对虐待儿童或毒害儿童。这个提议得到世界诸多国家的赞同和响应。

中华民国的儿童节。1931年，国民政府委员、实业部部长孔祥熙以中华慈幼协会会长的名义，响应国际儿童幸福促进会的号召，呈请政府颁布命令，规定每年4月4日为儿童节。随后，民国政府教育部颁布了儿童节纪念办法，并于1932年的4月4日实施。从1931年起，中国共产党领导下的根据地，每年也在4月4日庆祝儿童节。如今，中国台湾、香港两地仍于每年4月4日庆祝儿童节。

中华人民共和国的儿童节。新中国成立后，中央人民政府政务院于1949年12月23日作出决定，规定6月1日为新中国的儿童节，同时宣布废除旧中国国民党政府1931年起实行的4月4日为儿童节的规定。新中国为什么要定6月1日为儿童节呢？

事情要从利迪策村屠杀说起。第二次世界大战期间，德国占领捷克，党卫军头目、人称"金发野兽"的海德里希掌管着捷克的摩拉维亚地区。他心狠手辣，还有一个外号叫"布拉格屠夫"。1942年夏，流亡英国的捷克政府策划了一起针对海德里希的暗杀行动。他们空降了两名捷克伞兵到摩拉维亚。5月27日，海德里希乘车从郊区别墅驶向市中心，遭到了埋伏在路边的两名伞兵的狙击，身受重伤。6月7日，海德里希不治身亡。希特勒亲自主持海德里希的葬礼，称其为"拥有钢铁之心的男人"。同时希特勒对保护伞兵的村民发动了报复行动。党卫军第七武装山地师于1942年6月包围了捷克首都布拉格郊区的利迪策村，当场枪杀了村中所有15岁以上的男子173名。妇女和儿童被押送集中营。全村340人遇难，其中88名儿童在波兰切姆诺毒气室被害。

为纪念被屠杀的利迪策村儿童，意大利人海伦·加波罗佐提议举办国际儿童节。1949年11月，国际民主妇女联合会在苏联首都莫斯科举行代表大会，意大利妇女联盟执委会委员海伦·加波罗佐作了关于举办国际儿童节的报告。她指出：国际民主妇联设立国际儿童节，就是确定了保护各地儿童的生活、卫生和教育权利的任务。为纪念1942年6月10日被德国纳粹屠杀的捷克利迪策村的88名儿童，她代表国际民主妇联书记处建议定6月1日为国际儿童节。11月22日大会通过决议，决定6月1日为国际儿童节。中国代表著名作家丁玲参加了这次会议。中国政府基于这次大会的决议，确定6月1日为国际儿童节。有意

儿童节：捷克利迪策村群雕

思的是，由于印刷时间问题，新华书店发行的新中国第一本历书——《一九五零年历书》上，儿童节还是4月4日，而不是6月1日。

联合国教科文组织于1954年12月14日确定每年11月20日为"全球儿童节"。不过，这个"全球儿童节"在中国并未流行，中国的少年儿童依然在每年6月1日欢度自己的节日。

第一个儿童节

1950年6月1日新中国迎来了第一个儿童节。党中央对新中国的第一个儿童节非常重视。为了筹备庆祝六一儿童节，响应民主妇联等团体发出的"保卫儿童权利、争取和平"呼吁书，我国11个人民团体和中央人民政府有关部门，专门组成了筹备委员会。毛主席挥笔题词："庆祝儿童节。"朱总司令殷切地希望："新中国的儿童，要爱祖国、爱科学、爱劳动，准备好好的建设新中国。"刘少奇、周恩来、宋庆龄、邓颖超等党和国家领导人也为孩子们题词。时任中共中央西南局书记的邓小平、刘伯承、贺龙以及重庆市长陈锡联等，均在《新华日报》开设的"六一儿童节"专版题词庆祝。这一天，5000名儿童

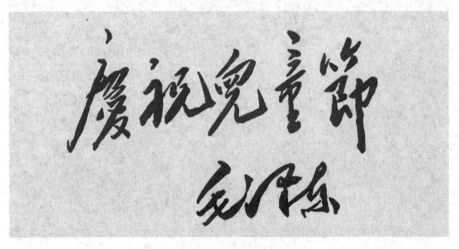

儿童节：毛泽东题词"庆祝儿童节"

聚集在北京中山公园音乐堂，庆祝自己的节日。苏联、朝鲜等国家的小朋友及其母亲们，也应邀出席了联欢会。朱总司令非常关心孩子们的健康成长，他说："你们的年龄，现在虽然还小，但要努力学习，学会各种科学知识，并把自己的身体锻炼得强壮，准备参加建设新中国的工作，把贫穷的落后的中国变成有高度文化的强大工业基础的中国。"

六、八一建军节

建军节的来历

建军节，全称中国人民解放军建军纪念日，又称八一建军节。为什么建军节设立在8月1日呢？

因为八一南昌起义。1927年，中国国民党蒋介石集团和汪精卫集团先后发动四一二政变、七一五政变，进行"清党"反共。为了反抗国民党反动派的屠杀政策，挽救中国革命，中共中央指定周恩来、李立三、恽代英、彭湃等组成中共中央前敌委员会，以周恩来为书记，前往南昌领导这次起义。27日，周恩来等到达南昌，组成前敌委员会，领导加紧进行起义的准备工作。8月1日2时，在周恩来、贺龙、叶挺、朱德、刘伯承的领导下，南昌起义开始。激战至拂晓，全歼守军3000余人，缴获各种枪5000余支（挺），子弹70余万发，大炮数门。起义成功后，前敌委员会按照中共中央关于这次起义仍用国民党左派名义号召革命的指示精神，发表了国民党左派《中央委员宣言》，揭露蒋介石、汪精卫背叛革命的种种罪行，表达了拥护孙中山"三大政策"和继续反对帝国主义、封建军阀的斗争决心。起义部队随后南下广东，在朱德、陈毅的带领下，辗转闽粤赣湘边，并于1928年4月到达江西井冈山与毛泽东领导的湘赣边界秋收起义部队会合。1928年5月4日，根据湘南特委决定，将朱毛两部合编为工农革命军第四军。6月4日，根据中共中央指示，改称为工农红军第四军。军长朱德，党代表毛泽东，政治部主任陈毅。八一南昌起义后，中国共产党有了自己的武装军队。这支部队后来逐渐发展壮大，成为中国人民解放军。

建军节：南昌起义

1933年6月26日，中共苏区中央局发出了《关于"八一"国际反战争斗争日及中国工农红军成立纪念日的决定》。决定指出："中央革命军事委员会为纪念一九二七年八月一日的南昌暴动，已确定'八一'为中国工农红军纪念的日子。" 1933年7月11日，中华苏维埃共和国临时中央政府决定8月1日为中国工农红军成立纪念日。从此，8月1日成为中国共产党领导下的军队的建军纪念日。新中国成立后，中国人民解放军依然沿用8月1日作为纪念日。

建军节的活动

第一次建军节的庆祝在江西瑞金。1933年8月1日，第一个"八一"建军节庆祝活动在江西瑞金城南举行。庆祝活动分阅兵式和分列式。为防敌机轰炸，中央决定阅兵式在晚间进行。晚5时，阅兵式正式开始。军乐奏起，礼炮齐鸣。毛泽东、朱德、项英三位领导策马而行，检阅长达600余米的红军队列。红军指战员以注目礼相迎，欢呼声、口号声响彻云霄。随后，中央革命军事委员会向新成立的红军工人师和少共国际师授军旗，向两个师发出奔赴前线英勇杀敌的战斗命令。工人师和少共国际师组成两块方阵，指战员高举拳头进行宣誓。

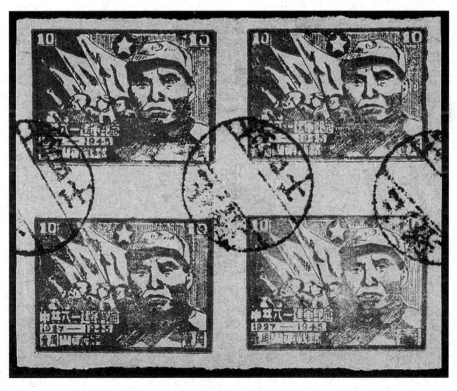

第一张建军节纪念邮票

接着是授旗授奖仪式，中央革命军事委员会领导授各红军学校校旗，授红军各团队战旗，向功勋卓著的红军指挥员颁发红星奖章。中央政府和各党、群团体代表致祝辞。最后是分列式，红军第二团、第五团、第三十七团、第四十团等方队在一面面战旗引领下阔步通过检阅台，战士们一面高呼着口号，一面向检阅台上的首长行注目礼，长长的受阅队伍从检阅台前走了一个多小时。第一次建军节庆祝活动历时两个半小时，虽然简单朴素，但极大地鼓舞了军队的斗志。

第一枚建军纪念邮票。1945年8月1日，是建军18周年纪念日。山东战时邮政总局发行了一套一枚建军节邮票。该邮票图案右边是总司令朱德像，左边为人民军队高举革命大旗的英姿。这是中国共产党领导下的人民军队第一次发行建军节纪念邮票。

七、十一国庆节

国庆节的来历

1949年10月1日，毛泽东在天安门广场庆祝中华人民共和国中央人民政府成立，他庄严宣布："中华人民共和国中央人民政府今天成立了！"这个画面，每个成年的中国人都记忆犹新。但您可知道这是中央人民政府的成立盛典，并非开国大典。那么，10月1日是如何被确定为国庆日的呢？

1949年10月9日，中国人民政治协商会议第一届全国委员会第一次会议在北京举行，出席会议的有毛泽东、周恩来、李济深、郭沫若等151人。根据中央档案馆的档案原件，会上有一段关于国庆日建议案的讨论：

林伯渠（会议主席）：大家有什么意见？

国庆节：1950年国庆日阅兵——骑兵队伍通过天安门广场

许广平：马叙伦委员请假不能来，他托我来说，中华人民共和国的成立，应有国庆日，所以希望本会决定把10月1日定为国庆日。

林伯渠（会议主席）：过去双十日已不是我们现在的国庆日，所以要以10月1日为国庆日，大家有没有意见，最好讨论后决定。

毛泽东：我们应作一提议，向政府提议，由政府决定。（掌声）

林伯渠（会议主席）：我们全国委员会决议向中央人民政府委员会建议，以10月1日为中华人民共和国的国庆日。（掌声）

会后发表了《关于中华人民共和国国庆日的决议（草案）》。决议宣布：中国人民政治协商会议第一届全国委员会在1949年10月9日的第一次会议中，通过"请政府明定10月1日为中华人民共和国国庆日，以代替10月10日的旧国庆日"的建议案，送请中央人民政府采择施行。中央人民政府委员会认为中国人民政治协商会议第一届全国委员会的这个建议是符合历史实际和代表人民意志的，决定加以采纳。中央人民政府委员会兹宣告：自1950年起，即以每年的10月1日，即中华人民共和国宣告成立的伟大日子，为中华人民共和国的国庆日。

第三章 法定节日

93

就这样，10月1日被正式确定为中华人民共和国的国庆日。

国庆节的活动

国庆阅兵是国庆节最大的活动。1950年10月1日，中华人民共和国举行了第一次国庆阅兵式。

1950年10月1日，首都各界40余万人在北京天安门广场举行庆祝中华人民共和国成立一周年大会。上午11时，中央人民政府秘书长林伯渠宣布庆祝大会开始，在国歌声中，礼炮齐鸣28响。阅兵式开始。毛泽东、刘少奇等领导人在天安门城楼上检阅部

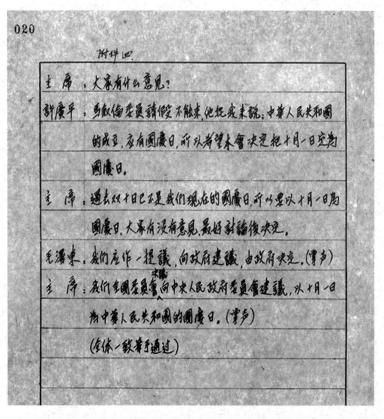

国庆节：政协第一届委员会第一次全体会议记录

队。受阅部队以空军和海军学校的学生为前导，依次为步兵、炮兵、战车摩托化部队和骑兵。当步兵行进时，空军飞机在会场上空由东向西飞行受阅。中国人民解放军三军用英武雄姿向全世界展示了共和国子弟兵不畏强敌、保家卫国的英雄气概。

从1950年开始到2013年，中国一共进行了13次阅兵，它们是：1950年、1951年、1952年、1953年、1954年、1955年、1956年、1957年、1958年、1959年、1984年、1999年、2009年。

2009年阅兵是新中国第13次国庆阅兵，也是中国21世纪第一次阅兵，更是新中国成立60周年大庆的核心节目。

2009年10月1日上午10时，国庆大阅兵数十个装备方队以磅礴的气势通过天安门，这是新中国成立60年来，中国军队装备数量最多、规模最大的一次全景展示。阅兵式展示了中国以新型主战装备为骨干，电子信息装备和保障装备相协调，具有中国特色的现代化武器装备体系。受阅的武器装备全部为中国自主研制，九成为首次亮相。阅兵有14个徒步方队、30个装备方队、12个空中梯队受阅。

10月1日晚，首都各界庆祝国庆60周年联欢晚会在北京天安门广场举行。整个晚会有57000名群众分别在12个联欢表演区参与联欢演出。晚会共分四个乐章：第一乐章《这是伟大的祖国》；第二乐章《是我生长的地方》；第三乐章《在这片辽阔的土地上》；第四乐章《到处充满明媚的阳光》。在四个乐章里共有五个层次的表演，它们是：光立方表演、中心联欢区、千人合唱团、焰火幕和群众联欢区。晚会历时100分钟，是真正的民族大联欢。

第四章　现代节日

一、绿化植树节

植树节的来历

每年3月12日为植树节。熟悉历史的人都知道3月12日是伟大的革命先行者孙中山先生的逝世纪念日。那么，植树节为什么要设立在3月12日？它和孙中山先生有什么关系吗？

孙中山倡导植树造林。孙中山先生很早就认识到森林对中国的作用，并积极倡导植树。1894年，他向北洋大臣李鸿章上书，陈述强国富民之道。其中谈及"急兴农学，讲究树艺"，树艺即植树造林。辛亥革命后，孙中山任南京临时政府临时大总统，在政府机构中设立"实业部"，执掌全国林业行政，规划造林护林，并在农业学校开设林业科，培养林业人才，把"讲究树艺"付诸实践。在中山先生的提议下，北洋政府于1915年颁布法令，以每年清明节为植树节。中国人有了自己的植树节，孙中山先生功不可没。1924年，中山先生倡导林业建设，强调多种森林是防水灾、旱灾的根本方法。要造森林，要造全国大规模的森林。在《建国方略》中，中山先生还制定了全国植树造林蓝图，计划在中国北部及中部，由政府出资人工造林。1924年12

月31日，中山先生扶病入京。1925年1月26日在协和医院确诊为肝癌。3月12日与世长辞。

植树节：节徽

北伐胜利后，1928年，南京国民政府遵照中山先生遗训，积极植树造林。3月1日，国民党中央常委会119次会议决议：总理逝世纪念日，各地举行植树，以为各地造中山林之提倡。纪念日当天，广州、汉口、福州、厦门、太原、郑州、杭州、香港等城市举行总理逝世三周年纪念大会，各地机关停止办公，悬半旗致哀，商界停止营业。会后，群众游行并植树。

1928年4月7日，南京国民政府令：嗣后旧历清明植树节，应改为总理逝世纪念式，所有植树节应即废止。清明节各机关照常办公。1929年2月9日农矿部以部令公布《总理逝世纪念植树式各省植树暂行条例》十六条，规定各省应于每年3月12日总理逝世纪念日举行植树造林活动。1930年2月，行政院农矿部长易培基遵照孙中山先生遗训，积极提倡造林，向国民政府提出了植树式与造林运动的具体方案，得到批准，规定每年3月9—15日一周时间为"造林运动宣传周"，其中在3月12日孙中山先生逝世纪念日当天举行植树式。由于3月的北方仍然寒冷，还不适于新种树木，除植树式仍必须于3月12日举行外，北方地区的造林宣传运动周可延迟至清明节进行。

新中国成立后，植树节中断了30年。

1979年2月，第五届全国人大常委会第六次会议通过了新中国成立后的第一部《森林法》，并将3月12日定为植树节，动员全国人民积极植树造林，加快绿化祖国和各项林业建设的步伐。将植树节定在孙中山先生逝世纪念日，意在缅怀孙中山先生的丰功伟绩，象征孙中山先生未竟的事业和遗愿将在新中国实现并且实现得更好。1981年12月，五届全国人大四次会议根据邓小平同志的倡议，倡导全民植树造林、绿化环境，审议通过了《关于开展全民义务植树运动的决议》。1982年的植树节，邓小平率先垂范，在北京玉泉山种下了义务植树运动的第一棵树。1984年2月18日，中国绿化委员会第三次会议确定了中国植树节节徽。

如今，为缅怀中山先生，海峡两岸都将植树节设立在3月12日。

植树节的活动

新中国第一个植树节，国家领导人带头植树。1979年2月23日，第五届全国人民代表大会常务委员会第六次会议决定，将每年的3月12日定为中国的植树节。3月12日，党和国家领导人华国锋、邓小平、李先念等与首都各界干部、群众千余人来到北京市大兴县参加了中国第一个植树节活动。如今，当年领导人植树的地方——庞各庄乡薛营大队京开公路西侧立起石碑一块，上刻"国家领导人植树林"八个大字。

自1979年新中国设立第一个植树节以后，每年4月的第一个星期日（或者是4月第一个假日期间），在京的国家领导人都要放下手头的事，拿起铁锹、提上水桶参加全民义务植树活动。人教版小学一年级第二册课本，有一篇《邓小平爷爷植树》的课文，介绍了1985年植树节，邓小平在天坛植树的情景。从邓小平到江泽民，一直到胡锦涛等国家领导人，不仅春天在北京植树，他们赴外省市考察工作时，也有在当地植树的习惯。中国国家领导人亲手植树的画面，通过媒体广泛报道，向国人宣示"绿化环境，造福后代"的环保理念，在一些外媒眼里，这也是了解中国领导人的不错时机。

二、最爱母亲节

母亲节的来历

每年5月的第二个星期日是母亲节。母亲节虽然在中国大受欢迎，但它并不是中国自己的节日，而是地地道道的舶来品。母亲节的发源地是美国。

最早关于母亲节的记载是1872年由歌曲《共和国战歌》的作者茱丽雅·沃尔德·何奥提出的。她建议将这一天献给"和平"，并在波士顿等地举行母亲节的集会。而它的创始人则另有其人，她的名字叫安娜·查维斯。

1864年5月1日，母亲节之母安娜·查维斯出生于美国弗吉尼亚

母亲节：创立人查维斯女士及她的墓碑

州泰勒镇韦伯斯特市。她的母亲安娜·玛丽·查维斯夫人共有11个孩子，安娜行九。安娜一岁时，全家迁居到西弗吉尼亚州嘉芙顿城，她在那里一直生活到高中毕业。1881年，安娜赴弗吉尼亚州思道顿市的奥格斯特妇女学院（今玛丽鲍德温学院）学习。学业完成后，安娜返回嘉芙顿，并在一所学校任教七年。

早在安娜12岁时，她的脑海中便有了母亲节的概念。那是1876年，美国还在哀悼南北战争的死者。母亲查维斯夫人在教堂讲授美国国殇纪念日的课程。讲到战役中捐躯的英雄故事时，查维斯夫人祷告说："但愿在某处、某时，会有人创立一个母亲节，纪念和赞扬美国与全世界的母亲。"安娜在现场听到了母亲的祷告，暗暗记在心里。

1905年，母亲查维斯夫人去世。安娜在母亲的墓地旁，回忆起母亲的祷告，说："以仁慈上帝的名义，您将会拥有您期盼的母亲节。"

此后，已过不惑之年的安娜先后致信给许多有名望的人物，要求他们支持设立母亲节，以发扬孝道。初时，各方态度消极冷淡，但她不气馁，继续向各界呼吁。1907年5月12日，安德烈卫理教堂应安娜之邀为母亲们举行一个礼拜仪式。隔年，此仪式在费城举行，反应热烈，终于获得弗吉尼亚州州长的支持，并于1910年宣布在该州设立母亲节。1911年，庆祝母亲节的活动已经开展得非常广泛，不仅席卷美国的每一个州，而且连加拿大、墨西哥和南美的一些国家也都开始庆祝这个节日。美国人还把宣传母亲节的传单用十种不同文字印发到各国去，以便扩大影响。此后几年中，庆祝母亲节运动的热潮有增无减。1912年，美国专门成立了母亲节国际协会。1913年5月，美国众议院一致通过决议，号召总统以及内阁、参众两院和联邦政府的所有官员一律在母亲节佩戴白色康乃馨。1914年，美国国会正式命名5月的第二个星期日为母亲节，并要求总统发布宣言，号召政府于节日当天在所有的公共建筑物上悬挂国旗。随后，威尔逊总统率先在白宫悬挂国旗以表达人们对美国全体母亲的热爱和尊敬。每年的母亲节，美国总统都要发表一篇内容相同的演讲。母亲节在美国发源，在世界其他国家也备受推崇。

母亲节是经港澳等地传入中国的。20世纪80年代，母亲节逐渐被中国内地民众接受。1988年开始，广州等地开始举办母亲节的庆祝活动。20世纪末，随着中国与国际的日益接轨，母亲节这一节日在中国大陆各地日益推广开来，越来越多的人开始接受母亲节概念。每年5月的第二个星期日，中国人和全世界其他国家的人们一道以各种各样的方式表达对母亲养育之恩的感谢。

母亲节的活动

康乃馨祝福母亲节。每到母亲节，儿女都会给母亲送康乃馨和贺卡，表达对母亲的爱。康乃馨，又名香石竹、石竹花。1907年，母亲节之母安娜·查维斯就曾以白色康乃馨向母亲的墓地献花，因为那是母亲最喜爱的花。如今，粉红色的康乃馨是献给健在母亲的；而白色的康乃馨则献给已经过世的母亲。

三、慈祥父亲节

父亲节的来历

同母亲节一样，父亲节也是美国的舶来品。索娜拉·斯玛特·多德女士出生于单亲家庭。父亲是美国内战老兵，他独自抚养六个子女长大成人。索娜拉突发奇想，要为父亲过父亲节，感谢他的养育之恩。索娜拉本打算在6月5日父亲生日那天为其过父亲节，不想时间仓促，只得推后在6月的第三个星期日举行庆祝活动。1910年6月19日，索娜拉·斯玛特·多德女士为自己的父亲庆祝父亲节。这也是美国历史上第一个父亲节。

1913年，美国国会曾讨论过将父亲节定为国家节日的提案，但不了了之。1916年，威尔逊总统亲自来到多德女士的家乡并在父亲节庆祝会上演讲，欲将父亲节变成官方节日，无奈议会以"恐将商业化"为由反对，没有成功。1924年，美国第30任总统卡尔文·柯立芝曾建议将父亲节推广至全国，也没有成功。两任总统的两次尝试均为议会所阻。1957年，参议员玛格丽特·史密斯演讲，称"我们有双亲，却厚此薄彼"，批评议会只知母亲节而忽视父亲节长达40年。1966年约翰逊总统发布第一份总统声明，将6月第三个星期日定为父亲节。1972年，尼克松总统签署法令，批准父亲节为国家节日。经过前后四任总统的努力，父亲节终于成为美国法定节日。

民国年间，曾有人提议在中国设立父亲节。1945年8月8日，上海部分文化人发起了庆祝父亲节的活动，市民立即响应，热烈举行庆祝活动。抗日战争胜利后，上海市各界名流绅士，联名请上海市政府转呈南京中央政府，定"爸爸"谐音的8月8日为父亲节。应该说，这个倡议比较符合中国文化，不仅加入了中国汉字的谐音，而且8月8日的两个八重叠在一起经过变形就是"父"。

有必要指出，目前中国官方并没有规定采用6月的第三个星期日为父亲节。

父亲节：玫瑰

父亲节的活动

玫瑰花祝贺父亲节。在父亲节这天，人们选择特定的鲜花来表示对父亲的敬意。多德女士的建议，佩戴红玫瑰向健在的父亲们表示爱戴；佩戴白玫瑰对故去的父亲表示悼念。但各地的习惯不尽相同。在加拿大温哥华，人们选择了佩戴白丁香；美国宾夕法尼亚人用蒲公英向父亲致意。红色或白色玫瑰是公认的父亲节的节花。父亲节在全美国作为节日确定下来，比母亲节经过的时间要长一些。因为建立父亲节的想法很得人心，所以商人和制造商开始看到商机。他们不仅鼓励做儿女的给父亲寄贺卡，而且鼓动他们买领带、袜子之类的小礼品送给父亲，以表达对父亲的敬重。

四、七一建党日

建党日的来历

1941年，中共中央在延安确定将1921年7月1日作为中国共产党建党日。此后每年的7月1日，全党都要热烈庆祝党的诞生纪念日。但是，中国共产党建党日并不是中共第一次全国代表大会召开的时间，把7月1日作为中国共产党的纪念日，是毛泽东同志于1938年5月提出来的。毛泽东在《论持久战》中明确提出："今年七月一日，是中国共产党建立的十七周年纪念日。"1941年6月，中共中央发布《关于中国共产党诞生二十周年抗战四周年纪念指示》，指出："今年七一是中共产生的二十周年，七七是中国抗日战争的四周年。"这是中共中央第一次以文件的形式把七一作为党的生日进行纪念。

建党节：一大会址

中国共产党的实际建党日是1921年7月23日。1921年7月23—31日，来自全国各地的13名共产主义者代表在今天上海兴业路76号召开了中国共产党第一次全国代表大会。参加"一大"会议的各地代表有：李达、李汉俊、张国焘、刘仁静、毛泽东、何叔衡、董必武、陈潭秋、王尽美、邓恩铭、陈公博、周佛海，包惠僧受陈独秀派遣参加了会议。他们代表着全国50多名党员。共产国际代表马林和尼科尔斯基列席了会议。在会议进行过程中，突然有法租界巡捕闯进了会场，会议被迫中断。最后一天的会议转移到浙江嘉兴南湖的游船上举行。代表们以游客的身份作掩护，乘坐游船，在朦胧烟雨中讨论当时的政治形势、党的基本任务、党的组织原则和组织机构等问题，通过了中国共产党的第一个党纲和成立宣言，纲领规定："我们的党定名为'中国共产党'。"明确党的纲领是"以无产阶级军队推翻资产阶级"，"采用无产阶级专政，以达到阶级斗争的目的——消灭阶级"，"废除资本私有制"，以及联合第三国际。这表明中国共产党从建党一开始就旗帜鲜明地把社会主义和共产主义作为自己的奋斗目标。大会还决定设立中央局作为中央的临时领导机构，选举产生了以陈独秀为书记的中央局。这次大会，宣告了中国共产党的成立。

确定中国共产党纪念日时，一大代表仅有毛泽东、董必武两人在延安。可两人都无法准确记忆一大召开的具体时间，只好把建党日定在7月1日了。

第一次纪念"七一"的活动

1938年5月，毛泽东在延安抗日战争研究会上发表《论持久战》演讲，其中特意强调"今年七月一日，是中国共产党建立的十七周年纪念日"。会后，中共陕甘宁边区委员会积极行动，快速响应，决定7月1日至7日为"抗战周年纪念与中共十七周年纪念宣传周"。

7月1日晚，陕甘宁边区隆重举行了"延安各界庆祝中国共产党十七周年纪念大会"。这是第一次纪念"七一"的活动。

三年后，即1941年6月，中共中央发布《关于中国共产党诞生二十周年抗战四周年纪念指示》，这是中共首次以党中央的名义作出关于纪念"七一"的指示。

五、尊重教师节

教师节的来历

9月10日是教师节。1985年1月21日，第六届全国人大常委会第九次会议作出决议，将每年的9月10日定为教师节。为什么要把教师节设立在9月10日呢？

一个普遍的解释就是：确定9月10日为教师节，是因为新生入学伊始，即开始尊师重教活动，可以创造"教师教好、学生学

教师节

好"的良好气氛。同时，9月份全国性节日少，便于各方面集中时间组织活动和突出宣传报道，促进在全国范围内形成尊师重教、尊重知识、尊重人才的良好社会风尚。

我国历史上最早出现举办教师节的提议是在1931年。当时，教育界知名教授邰爽秋、程其保等发起，联络京、沪教育界人士，拟定每年6月6日为教师节，并发表《教师节宣言》，提出改善教师待遇、保障教师工作、增进教师修养三项目标。虽然，这个教师节并没有被当时的国民党政府承认，但在全国各地也产生了一定影响。 1939年国民政府决定孔子诞辰日8月27日为教师节，并颁发了《教师节纪念暂行办法》。不过未能在全国推行。1951年，中华人民共和国教育部和中华全国总工会共同商定，把5月1日国际劳动节也作为教师节，后也不了了之。由于各种原因，教师节实际上销声匿迹了。

改革开放后，首倡教师节的是北京师范大学原校长王梓坤院士。"我也不知道为什么，那天早上一起床就忽然想到老师应该有自己的节日。"那是1984年12月9日，王教授当天就把这个想法告诉了《北京晚报》。第二天，《北京晚报》便刊出文章《王梓坤校长建议开展尊师重教月活动》，引起了读者强烈反响。12月15日，北师大钟敬文、启功、王梓坤、陶大镛、朱智贤、黄济、赵擎寰联名，正式提议设立教师节。不久，全国人大通过了教师节的决议，中国的教师从此有了自己的节日。

教师节的活动

1985年第一个教师节，当时的国家主席李先念向全国教师发出慰问信祝贺节日，首都召开万人庆祝大会，教师节期间20个省市共表彰11871个省级优秀教师集体和个人。

2011年，中国教育部为迎接第27个教师节，与中央电视台联合举办了《美丽心灵——献给老师的歌》电视专题晚会，给全国1700万教师和2.6亿学生带来了欢乐和祝福。

此外，还进行了"全国教书育人楷模"推选。在全国31个省市自治区及新疆生产建设兵团共推选了64名候选人，通过投票，选出了10名全国教书育人楷模。

六、烈士纪念日

烈士纪念日的来历

2014年8月31日，中国十二届全国人大常委会第十次会议经过表决，通过了关于设立烈士纪念日的决定。规定每年9月30日为烈士纪念日，并规定国家于是日举行纪念烈士的活动。为什么要将此日定为烈士纪念日呢？因为1949年9月30日是人民英雄纪念碑奠基的日子，这一天又恰逢国庆前日，在此日举行纪念烈士的活动能充分体现"国庆勿忘祭先烈"的情怀，突出国家褒扬烈士的主题。

烈士纪念日的活动

2014年9月30日是中华人民共和国第一个烈士纪念日。当天上午，国家在天安门广场举行了隆重庄严的纪念活动。按照民政部公布的《烈士公祭办法》，公祭程序包括：向人民英雄纪念碑献花篮、奏唱《中华人民共和国国歌》、全体默哀一分钟、少先队员献唱《我们是共产主义接班人》、军乐团奏《献花曲》、领导人和各界群众向人民英雄纪念碑献花等。当天，全国各地均按照《烈士公祭办法》有组织有程序地举行了纪念烈士的活动。

第五章 古代节日

一、二二龙抬头

龙抬头的来历

"二月二，龙抬头"，这句民谚家喻户晓，妇孺皆知。可是你知道龙抬头是古代的中和节演变过来的吗？

中和节始于唐德宗李适。德宗年间，宰相李泌上书，称："春天有三个节日，即正月初九（天日节，玉帝生日）、正月晦和三月上巳。其中两个都在正月，二月却没有节日。建议废正月晦，以二月一日为中和节。"德宗欣然同意，下令以正月初九、二月朔和三月上巳合称"三令节"。晦，是指

二月二：龙抬头

农历每月的最后一天。朔，是指农历每月的第一天。那么，李泌为什么用"中和"命名这个节日呢？

我们先来说说李泌其人。宰相李泌是个神童，《三字经》里有一句是专门夸他的："泌七岁，能赋棋。彼颖悟，人称奇，尔幼学，当效之。"李泌还是个怪才。他一生崇尚老庄道学，常以世外神仙自居。李泌更是个人才，他数度推却唐肃宗和唐代宗让其就任宰相的邀请。67岁时，李泌终于被唐德宗的诚意所感动，答应出任宰相。有一天，他阅读到《礼记·中庸》"喜怒哀乐之未发，谓之中；发而皆中节，谓之和。中也者，天下之大本也，和也者，天下之达道也。致中和，天地位焉，万物育焉"这句话时，慨叹："人的喜怒哀乐能适度控制，无偏无倚，就是中；平时持中，表现出来能恰到好处，就是和。做到了中、和，就能够行天下之大道，天地万物就得以有序生存和发展。二月处于春季中，正是万物孕育的时机。如能秉持中和的态度，世间万物都会和谐生存。"于是，李泌就用"中和"命名了二月朔日。中和节自德宗始，到唐朝结束盛行了近120年。那么，二月朔的中和节怎么会成为"二月二龙抬头"呢？

相传，这与土地爷的生日有关。土地爷，也称土地菩萨、土地公公，是道教的神仙。农历二月二是土地爷的生日（顺便说一句，姜太公也是这天生日），人们为土地爷过生日，俗称土地会。土地会一般分两天进行，二月初一即土地爷生日的前一天，是暖寿日，初二日为正寿辰。由于土地会与中和节重叠，祭祀内容又大同小异，唐代以后，二月二土地爷的生日逐渐取代了中和节。那么，二月二和龙抬头又有什么关系呢？

明朝以后，二月二又有关于龙抬头的诸多习俗，诸如撒灰引龙、扶龙、熏虫避蝎、剃龙头、忌针刺龙眼等节俗，故称龙抬头日。相传，武则天当了皇帝，玉帝便下令三年内不许向人间降雨。但司掌天河的龙王不忍百姓受灾挨饿，偷偷降了一场大雨，玉帝得知后，将司掌天河的龙王打下天宫，压在一座大山下面。山下还立了一块碑，上写道："龙王降雨犯天规，当受人间千秋罪。要想重登灵霄阁，除非金豆开花时。" 人们为了拯救龙王，到处寻找开花的金豆。到了第二年二月初二这一天，人们正在翻晒金黄的玉米种子，猛然想起，这玉米就像金豆，炒开了花，不就是金豆开花吗？于是家家户户爆玉米花，并在院里设案焚香，供奉"开花的金豆"，向玉帝表达人间的呼声。龙王知道这是百姓在救它，就大声向玉帝喊道："金豆开花了，放我出去！"玉帝一看人间家家户户院里金豆花开放，只好传谕，诏龙王回到天庭，继续给人间兴云布雨。 从此以后，民间形成了习惯，每到二月二这一天，人们就爆玉米花，也有炒豆的。大人小孩还念着："二月二，龙抬头，大仓满，小仓流。"

龙抬头的习俗

明代沈榜著《宛署杂记》记载："都人呼二月二为龙抬头，乡民用灰自门外蜿蜒布入宅厨，施绕水缸，呼为引龙回。"二月二这天，老百姓用草木灰蜿蜒围宅一圈，再入院内绕水缸一圈。这是引龙回。古时，二月二有个重要的习俗——熏虫儿。

熏虫儿，是将春节时祭祀剩余的面饼用油煎后，熏床和炕。不仅老百姓要熏虫儿，皇宫里也熏。明代刘若愚著《酌中志》记载："二月初二，各宫门撤出所安彩妆，各家用黍面枣糕，以油煎之，或白面和稀，摊为煎饼，名曰'熏虫'。"熏虫儿之外，还要用蜡烛照房梁。民谚云："二月二，照房梁，蝎子蜈蚣无处藏。"当然，这些习俗现在已经少见了。如今依然存在的二月二习俗主要有剃龙头和吃猪头。

剃龙头。"二月二龙抬头，家家男子剃龙头"。旧时淮安民间有"有钱无钱，剃头过年"的说法。旧俗，人们一定要在春节前剃头理发，正月里不许理发，据说会"死舅舅"。到了二月二，头发已经长了一个多月，正是需要剃头理发的时候。二月二龙抬头，是吉祥如意的日子，时间一长，就形成了二月二剃头的习俗。"二月二龙抬头，家家小孩剃毛头"也是这一原因，为取吉利在剃头中间加"龙"字，叫剃"龙"头，以区别其他时间的剃头。

吃猪头。古代猪头是祭奠祖先，供奉上天的祭品。北方人在"二月二"龙抬头之日，家家户户煮猪头，是因为初一、十五都过完啦，"二月二"是春节中最后一个节日。一般农户人家辛辛苦苦忙了一年，到腊月

二月二：剃龙头

二十三日过小年时杀猪宰羊，正月过后，腊月杀的猪肉基本上吃光了，最后剩下一个猪头，就只能留在二月二吃了。当然，二月初二吃猪头肉也有说法。相传，宋代王金斌王中令平定巴蜀之后，甚感饥饿，于是闯入一乡村小庙，却遇上了一个喝得醉醺醺的和尚。王中令大怒，欲斩之。哪知和尚全无惧色，王中令很奇怪，转而向他讨食。不多时，和尚献上了一盘"蒸猪头"并为此赋诗曰："嘴长毛短浅含膘，久向山中食药苗。蒸时已将蕉叶裹，熟时兼用杏浆浇。红鲜雅称金盘汀，熟软真堪玉箸挑。若无毛根来比并，毡根自合吃藤条。"王中令吃着蒸猪头，听着风趣别致的"猪

头诗"甚是高兴，于是，封那和尚为"紫衣法师"。如此看来，猪头不仅是一道佳肴，而且还是转危为安平步青云的吉祥之物呢。

二、三三上巳节

上巳节的来历

"三月三日天气新，长安水边多丽人"。杜甫的《丽人行》脍炙人口，这里的"三月三日"正是古时上巳节。上巳节是古人追求健康、养生保健的节日，与其息息相关的一个词是"祓禊"（音，服戏）。祓禊是古人春秋两季在水边举行的沐浴祛病、寻找配偶、祈福求子的一种祭祀仪式。可以说，上巳节是中国最早的"非诚勿扰"般的相亲节日。但上巳节最初并未固定在农历三月三日。

三月上巳，顾名思义，就是三月的第一个巳日。汉代定三月上巳日为节日，要求无论官民都要去东流水的河边沐浴，以祛除灾病。魏晋后，上巳节就固定在三月三，但名称未变。

《汉书·外戚传上》记录了一段汉武帝祓禊后抱得卫子夫的故事。汉武帝刘彻即位后，娶得第一位皇后陈氏。俩人数年无子，武帝非常郁闷。姐姐平阳公主看在眼里，心生一计。她知道武帝上巳节祓禊回来一定会到她家做客，便提前召集一些大户人家有姿色的女子，将她们盛装打扮。卫子夫是平阳公主家里的歌女，平阳公主让她准备曲目，为武帝献歌。武帝进门后，平阳公主命摆上酒宴，让众美女舞蹈助兴。谁知武帝对那些美女没有兴趣，平阳公主就让卫子夫进来献歌。武帝一看到美丽的卫子夫，顿时被迷住了，听到她的歌声，越发喜欢。当晚，武帝就与卫子夫宿于平阳公主家。这是有记载的最早有关上巳节的故事，也是有关上巳节求子的记载。

700年以后的北周时期，也有一个神话般上巳节求子的记载。北周巨野郡公高琳的母亲在泗水边祓禊求子时，突然发现一块奇石，外表圆润，光彩熠熠。琳母一见，非常喜欢，就把它捡起，带回家中。晚上，琳母梦见一个仙人出现在她面前，对她说："夫人捡来的石头，是制作乐器磬的极品材料。如果夫人能妥善保管它，就会生子。"琳母从梦中惊醒，发觉全身流汗不止。不一会儿有了妊娠反应，生下了儿子，取名高琳。

上巳节：曲水流觞

上巳节除求子外，古人还在河边宴会，曲水流觞。觞，就是酒杯。曲水流觞，是指上巳节河边宴会时，把斟满酒的酒杯放入河水中，让其随波流动，酒杯到谁面前，谁就饮尽此杯酒。古时的文人非常喜欢这个游戏，常以此助酒兴。永和九年（353年）三月初三上巳日，晋代有名的大书法家、会稽内史王羲之偕亲朋谢安、孙绰等42人，在兰亭祓禊后，举行饮酒赋诗的"曲水流觞"活动，引为千古佳话。当时，王羲之等在兰亭清溪两旁席地而坐，将盛了酒的觞放在溪中，由上游浮水徐徐而下，经过弯弯曲曲的溪流，觞在谁的面前打转或停下，谁就得即兴赋诗并饮酒。据史载，在这次游戏中，有11人各成诗2篇，15人各成诗1篇。16人作不出诗，各罚酒3杯。王羲之将大家的诗集起来，用蚕茧纸，鼠须笔挥毫作序，乘兴而书，写下了举世闻名的《兰亭序》，被后人誉为"天下第一行书"，王羲之也因之被人尊为"书圣"。而《兰亭序》也被称为"禊帖"。

上巳节的习俗

水中沐浴。上巳节的主题是求子，这天，人们要在东流的河水里沐浴。为什么要选择东流水呢？因为东方主生。东方是太阳的诞生地，是给人们送来光明和温暖的地方，也是给大地带来春天和生机的地方。每当东风吹来，大地解冻，草木发芽，万物孕育。春从东来，春由东生，古人将司春之神称为"东后"、"东君"、"东皇"、"东帝"。东方属阳，是男子的象征。年轻女子在象征男子的东流水中沐浴，与上巳节求子的本意非常吻合。前来沐浴的有平民女儿，更有公主、妃子、豪门名女。在沐浴前，下人要为她们在水边设立帐篷。远看"朱幔虹舒"，近看"翠幕蜺连"。设立帐篷的目的，是为存物、纳凉、更衣和休息，可谓一举多得。

男女相会。上巳节有一种奇特的风俗，即"会男女"。这种节日中的野合性行为，由来已久。它来自氏族时期的季节性婚配——野合群婚，后来也有残存，如广西左江崖画、成都汉墓画像砖上都有男女野合图。史料记载亦多见此俗。在中国少数民族地区有不少会男女的风俗，如黎族的三月三、苗族的爬坡、布依族的抛绣球等等。

踏青庙会。《秦中岁时记》记载："上巳，赐宴曲江，都人于江头禊饮，践踏青草，谓之踏青履。"司马札有《上巳日曲江有感》诗："万花明曲水，车马动秦川，此日不得意，青春徒少年。"白居易有《三月三日洛滨袯禊》诗序："尽风光之赏，极游泛之趣，美景良辰，赏心乐事，尽得于今日矣。"江苏武进地区在初三游南山，民谣曰："三月三，穿件单布衫；大蒜炒马兰，吃了游南山。"与踏青同时进行的是逛庙会。每年三月三，河南太昊陵庙会都如期举行。朝祖者来自四面八方，不仅有河南本地人，湖北、江苏、安徽、山东的百姓也纷纷赶来，拜人祖、求神祇、还凤愿。在江苏常熟，虞山祖师庙香火特盛，是春节后第一个盛大节日。湖北蕲春、黄梅、广济三县人民，每年三月三都在四祖寺举行盛大庙会，焚香祭祀，纪念四祖道信。

吃荠菜粑。鄂东黄梅、广济农村在三月三这天有吃荠菜粑的习俗。荠菜粑，是将新鲜的荠菜洗净，用开水稍事浸泡，取出切碎，掺入黏米粉内，做成约一两重的粑，蒸熟后食用。还可将腊肉、酱干、芹菜、花生米切碎做馅，包在粑里面。为什么要吃荠菜粑呢？传说是赶庙会时所带的干粮，也有人说吃了荠菜粑可以防止生疮。除了荠菜粑，还有吃荠菜煮鸡蛋面条的习俗，据说可以健康长寿、永不头痛。江苏也有吃荠菜的风俗，称"挑荠"。民谚有"三月三，荠菜花儿赛牡丹"。当地人在这天要采摘野生的荠菜。采摘后的荠菜要放在灶台上，防止蚂蚁害虫。南京的妇女还要把荠菜花插在头上，用以祈祷双眼清明，故荠菜花也称"眼亮花"。

三、六六天贶节

六月六的天贶节

天贶节起源于宋代真宗年间。宋真宗赵恒为让天下人信服自己，听从了参政知事王钦若的主张，准备在泰山封禅。本来就迷信的赵恒，幻想出一个"天书封禅"的故事。他召集文武百官，亲自宣布了一个特大喜讯："去年冬天十一月二十七日将近半夜，朕正准备就寝，忽然室内大放光彩，看见一位戴星冠、穿绛衣的神人对我说：'下个月在正殿做一个月的黄道场，上天就会降下天书《大中祥符》三篇。'朕肃然起敬，想起身回答，神人已不见踪影。朕谕命十二月初一开始，在朝元殿斋戒，建道场以求神人保佑。今天皇城司来报，发现左承天门南面的鸱尾上挂着一条黄帛，派太监去观察，帛长约二丈，像封着书卷，用青丝绳缠着，隐约看出里面有字，这就是神人所说的天降之书。"

随后宋真宗赵恒步行到承天门，瞻仰天书，下拜致敬，派两名太监爬上屋顶取下。只见黄帛上写着："赵受命，兴于宋，付于恒（真宗名），居其器，守于正，世七百，九九定。"

六月六日，参知政事王钦若从乾封县（今山东泰安）报告：泰山涌出醴泉，苍龙降临锡山。不久，木工董祚在醴泉亭以北的树上又见到挂着一块黄帛，上面有字，但不认识。皇城使王居正接到报告，立即奔赴现场，见帛上写着宋真宗赵恒的名字，赶紧报告王钦若。王钦若躬奉帛书，飞马捧往国都开封。宋真宗赵恒非常高兴，于是把六月六定为天贶节，贶是赠与的意思，他是感谢上天馈赠天书。第二年，宋真宗赵恒完成了泰山封禅仪式。

天贶节：宋真宗泰山封禅

六月六的晒书节

晒书起源于皇史宬。明代沈德符著《万历野获编》记载："六月六本非节令，但内府皇史宬曝晒列圣实录、列圣御制文集诸大函，则每岁故事也。"意思是说，每年六月六日，有皇家档案馆之称的皇史宬都要搬出库存的书籍，摆放在户外，晒晒太阳，以防生虫和潮湿。

伏天晒书，魏晋时已经盛行。成语"郝隆晒书"讲的就是此事。郝隆是西晋时期大司马桓温手下的参军，他饱学多才，但未得赏识。不得志的郝隆辞去军中职务，回乡隐居。当地每年七月七日有晒衣服的风俗，郝隆家贫，无衣服可晒，就袒胸露腹，躺在椅子上晒肚皮。乡人不解，问其故。郝隆骄傲地回答："我在晒书。"不过，那时的晒书是在七月七日。

清宣统元年补刻本河北《新河县志》载："六日，男出书籍，女出针绣，曝于庭。积粟之家，亦多曝杂粒于院，谓之'曝蠹鱼'。"男晒书，女晒针绣。其实除了这些，可晒的还有棉衣、被褥和衣服。民谚云："六月六，家家晒红绿。"红绿指的就是五颜六色的各式衣被，又称"晒龙袍"。

晒龙袍的故事与乾隆皇帝有关。传说乾隆皇帝南巡扬州，不巧路上突遭暴雨，淋湿了外衣。由于走得匆忙，没有换洗衣服，又不便向百姓借衣服，只好停止前进，等天晴后，将外衣晒干。这天正好是农历六月六日，故有晒龙袍之说。

六月六的晒经节

传说唐僧西天取经回来途中，不慎将所有经书丢落到海中。师徒四人手忙脚乱地把经书捞出来晒干，才得以保存取经的成果。这天正好是

六月六：晒经节

六月六日。从此，每到这天，寺院都要把所藏的经书取出来曝晒。

过去苏州有一些佛教女信徒，每到天贶节，都要到寺庙翻经书。她们边翻经书，边念佛。据说翻经书十次，来生就可以转作男身。

这一天也有"晾经节"之称，各地大大小小的寺庙道观要在当天举行"晾经会"，把所存的经书统统摆出来晾晒，以防经书潮湿、虫蛀鼠咬。如旧京的白云观藏经楼里，藏有道教经书5000多卷，在每年的六月初一至初七，白云观要举行晾经会，届时道士们衣冠整洁、焚香秉烛，把藏经楼里的"道藏"统统拿出来通风翻晒。广安门内著名的善果寺每逢六月初六也要作斋，举办"晾经法会"，僧侣们要礼佛、诵经，届时开庙一天。那时百姓都会涌到善果寺中观看晾经，所以寺前也形成临时集市，非常热闹。

六月六的姑姑节

"六月六，请姑姑。"农历六月初六，还是出嫁的女儿回娘家的日子。

相传在春秋战国时期，晋国有个宰相叫狐偃。六月初六是狐偃的生日，每到这天，总有无数的人前来拜寿送礼。狐偃慢慢变得骄傲跋扈，目中无人。时间一长，人们开始对他厌恶。但狐偃权高势重，人们敢怒不敢言。

亲家赵衰对狐偃的作为很反感，就直言相劝。但忠言逆耳，狐偃听不进，还当众责骂亲家。赵衰年老体弱，不久竟被气死。赵衰的儿子恨岳父不讲仁义，决心为父报仇。

第二年，晋国夏粮遭灾，狐偃出京放粮，临行对家人说，六月初六一定赶回来过生日。狐偃的女婿也就是赵衰的儿子得到这个消息，决定六月初六大闹寿筵，杀狐偃，报父仇。狐偃的女婿见到妻子，问她："像我岳父那样的人，天下的老百姓恨不恨？"狐偃的女儿对父亲的作为也很生气，顺口答道："连我都恨他，还用说别人？"她丈夫就把计划说出来。他妻子听了，脸一红一白，说："我是你家的人，顾不得娘家了，你看着办吧！"

从此以后，狐偃的女儿整天心惊肉跳，她恨父亲狂妄自大，对亲家绝情。但转念想起自己父亲的好，亲生女儿不能见死不救。她最后决定在六月初五跑回娘家告诉母亲一切。母亲哪敢怠慢，就一五一十地对狐偃说了。

狐偃的女婿见妻子逃跑了，知道机密败露，心想大丈夫一人做事一人当，便端坐家中等狐偃来收拾自己。

六月初六一早，狐偃亲自来到亲家府上，看见女婿，便诚恳认错，俩人一笑泯恩仇，并马回相府。拜寿筵上，狐偃说："老夫今年放粮，亲见百姓疾苦，深知我近年来做事有错。今天贤婿设计害我，虽然过于狠毒，但他是为民除害，为父报仇，老夫决不怪罪。女儿救父危机，尽了大孝，理当受我一拜。并望贤婿看在我面上，不计仇恨，两相和好！"说罢，便起身朝女儿女婿行大礼。女儿女婿慌忙搀扶，接受了父亲的道歉。从此以后，狐偃真心改过，翁婿关系比以前更加亲近。为了永远记取这个教训，狐偃每年六月六都要请回闺女、女婿团聚一番。这件事情张扬出去，老百姓各个仿效，也都在六月六接回闺女，为的是图个吉利，以求消仇解怨、免灾去难。天长日久，相沿成习，流传至今，人们称为"姑姑节"。

在陕北有"六月六，六月六，新麦子馍馍熬羊肉"的习俗。六月上旬正是麦收羊肥之时，紧张的收获季节刚刚结束，为了欢庆丰收，父母接女儿回娘家，合家团聚，享受天伦之乐，成了庄稼人的一件快事。

四、七七情人节

七夕节的来历

农历七月七日是一年一度的七夕节。七夕节，也称乞巧节、少女节、女儿节。七夕节是中国的一个爱情节日，被视为中国的情人节。七夕节起源于牛郎织女的传说。

相传牛郎父母早逝，又常受到哥嫂的虐待，只有一头老牛相伴。有一天老牛给他出了计谋，教他在某一天怎么做便能娶天上的织女做妻子。到了那一天，美丽的仙女们果然到银河沐浴，并在水中嬉戏。这时藏在芦苇中的牛郎突然跑出来拿走了织女的衣裳。惊慌失措的仙女们急忙上岸穿好衣裳飞走了，唯独剩下织女。在牛郎的恳求下，织女答应做他的妻子。婚后，牛郎织女男耕女织，相亲相爱，生活得十分幸福美满。织女还给牛郎生了一儿一女。后来，老牛要死去的时候，叮嘱牛郎要把它的皮留下来，到急难时披上以求帮助。老牛死后，夫妻俩忍痛剥下牛皮，把牛埋在山坡上。

织女和牛郎成亲的事被天庭的玉帝和王母娘娘知道后，他们勃然大怒，并命令天神下界抓回织女。天神趁牛郎不在家的时候，抓走了织女。牛郎回家不见织女，急忙披上牛皮，担了两个孩子追去。眼看就要追上，王母娘娘心中一急，拔下头上的金簪向银河一划，昔日清浅的银河一霎间变得浊浪滔天，牛郎再也过不去了。从此，牛郎织

七夕节：牛郎织女

女只能泪眼盈盈，隔河相望，天长日久，玉皇大帝和王母娘娘也拗不过他们之间的真挚情感，准许他们每年七月七日相会一次，相传，每逢七月初七，人间的喜鹊就要飞到银河，为牛郎织女搭鹊桥相会。此外，据说七夕夜深人静之时，人们还能在葡萄架下听到天上牛郎织女的脉脉情话。

　　牛郎与织女在七夕相会，生活在人间的妇女们为他们祝贺，视这天为乞巧节。南朝梁人宗懔所写的《荆楚岁时记》云："七月七日为牛郎织女聚会之夜，是夕人家妇女结彩缕，穿七孔针，或以金银鍮（音，偷）石为针，陈瓜果于庭中以乞巧。"所谓乞巧，就是妇女们穿着新衣在庭院中向织女星乞求获得智慧和灵巧手艺。乞巧的方式一

般是在有七个针眼的"乞巧针"上，用彩线来回穿，穿得快的人就是"乞巧"成功了。明清时，妇女们还在七夕上午，玩"丢巧针"的游戏。游戏时，先于初六日将一碗水曝晒在太阳下，并放在露天下一整夜。初七日上午，将乞巧针丢于碗中，针便会浮于水面上。丢针的人再去看映在碗底的针影，如成云彩、花朵、鸟兽之影，便是成功"乞得巧"。

陕西黄土高原地区的乞巧节习俗有些不同。七夕之夜，妇女们要用干草扎个穿花衣的巧姑，巧姑前面摆上供果，附近还准备新鲜的豆苗和青葱。明月下，妇女们每人手捧一盆清水，把剪成寸长的两段豆苗和青葱放入盆中。借用月光在盆中的投影占卜巧拙之命。同时还举行剪窗花比巧手的活动。

在浙江、安徽等地则用蜘蛛乞巧。在小盆或小盒中放入蜘蛛，七夕晨起，看其结网的密度。如果密，主人就巧。浙江农村还在七夕晨接露水，因为传说露水是牛郎织女相会时的眼泪。用这天早晨的露水抹在眼上和手上，可以使眼明亮、手灵巧。

福建的七夕乞巧以"七"为特色。七夕夜，青年妇女参加乞巧仪式。乞巧时，在供桌上陈列瓜果七盘、茶碗七件、香炉七件、针七根、绣花线七条。女人们在院中借着月光比赛"穿针引线"，谁先将线穿过，谁就先得了巧。穿不过的就是乞不到巧。

北京的七夕乞巧就更讲究了。七夕夜，无论宫廷、官宦或富豪之家，都在院中搭大棚。棚内张挂七夕画——牵牛织女图。七夕画前放置供桌，供桌上摆满瓜果、美酒、面饼、蔬菜、肉脯等供品。由于七夕也称女儿节，大户人家还会邀请街坊邻里、亲朋好友中的青年女子前来做乞巧会。乞巧后，大家畅饮整夜狂欢，第二天才各自回家。据说宫女乞巧时，用五彩线穿九根针，以先穿完者为巧。

吃巧食。七夕节的特色食品，传统上称其为吃巧食。巧食各地不同，但多以面食为主，如饺子、面条、油条、馄饨等。山东西南地区在七夕节当天，妇女会把针、线、枣等物包在饺子里，如果谁能吃到包针的饺子，就象征乞到巧；吃到包线的，就是乞到财；吃到包枣的，就是乞到子。如果吃面条，就用当天早晨接到的露水和面，吃这样的面条会得巧意。有的糕点铺还会特制一些女人形象的酥糖，称其为"巧人"、"巧酥"。卖此酥糖不能说"卖"，要说"送巧人"。

江浙地区的巧食是花果子。花果子是用糯米、糖和面，油炸后制成的各种小果子，被认为是甜蜜幸福的象征。胶东地区在七夕则吃麦芽糖为巧食。麦芽糖用新鲜麦芽加糖和面粉，做成圆形和半圆形两种。男人吃圆形的，女人吃半圆形的，俗称吃巧果子。需要注意的是，一定要在七夕之夜，对着月亮吃巧果子，才能乞巧。

除乞巧外，还有其他的节日习俗。

分豆结缘。七夕清早，福建地区的家长要将炒好的蚕豆交给自己的孩子，让他们和邻里儿童交换互赠，以示街坊邻里团结和睦。有的孩子还做"结缘礼"。彼此食指相互拉勾，表示结下"和好缘"。

五、敬鬼中元节

中元节的来历

七月十五中元节，又称鬼节、盂兰盆节。所谓中元，实际是道教的术语。道教认为宇宙有三元，即天、地、水。分别对应天官、地官、水官，三官的别称分别为上元、中元、下元。三官的生日分别是正月十五、七月十五、十月十五，为庆祝三官诞辰，将他们的诞辰日定为节日，依次为上元节、中元节、下元节。

道教传说，七月十五为地官大帝生辰，他要按花名册，区别善恶，亲自勾选饿鬼囚徒入地狱。其他神仙也要到地官大帝的宫中与其

中元节

一起商量如何处置饿鬼囚徒。这天，人鬼都很紧张，纷纷来到玉京山献上自己的礼物，有送花果的、有送珍宝的、有送华服的，还有送美食的。七月十五之夜，道士大诵经文，十方大圣一起咏诵灵篇。饿鬼囚徒聆听过经文，精神饱满，免于处罚，可以重返人间。道教有"天官赐福，地官赦罪，水官解厄"的说法，其中"地官赦罪"，说的就是这件事。

关于鬼节，汉族有自己的传说。相传东汉蔡伦发明造纸术后，造出来的纸张非常受欢迎，自己也因此致富。蔡伦的兄长蔡莫、嫂子慧娘看在眼里，妒忌在心，就偷了蔡伦造纸的技术，然后自己开店卖纸。由于无法掌握造纸术的精髓，他俩造的纸品质低劣，以致乏人问津。俩人看着满屋子卖不出去的纸张，一筹莫展。慧娘忽然听到外面有哭丧的声音，计上心来。她如此这般地在老公耳边嘀咕了几句，蔡莫忙摆手，坚决不肯。慧娘坚持己见，蔡莫平日里就对老婆言听计从，勉强答应试一试。第二天，也就是七月十五一早，蔡莫家里突然传出来撕心裂肺般的哭声。好心的邻居非常好奇，上门询问，方知慧娘昨夜暴毙，撒手人寰。只见蔡莫在慧娘的棺前哭得死去活来，非常悲痛。看见邻居越聚越多，蔡莫就边哭边拿出一些卖不出去的纸，放在一个瓦盆里，开始烧了起来。蔡莫边烧边念念有词，祈祷上天把老婆还给他。就这样烧了几盆纸后，奇迹发生了，棺材里突然发出了声音，不一会儿，听到慧娘在里面大叫："开门，快开门，我回来了。"围观的邻居们都吓坏了，有不少人拔腿就跑，也有胆子大的帮助蔡莫把棺盖打开。就见慧娘在里面伸了个懒腰，好像是刚刚睡醒一样，然后从里面跳了出来。刚刚跑远的邻居们看到没什么事发生，也壮着胆子返了回来。慧娘看到人聚得差不多了，就告诉邻居们，她死后到了阴间，阎王爷让她推磨受苦。因为蔡莫烧了很多纸钱给她，阴间里的小鬼都争先恐后地为她推磨。她又用纸钱行贿了阎王，阎王就放她回来了。蔡莫故意装傻问慧娘："我没给你烧钱啊？"慧娘指着瓦盆里的烧纸灰说："那就是钱啊。你们不知道，阴间是用纸当钱的。"蔡莫一听，马上抱了两捆纸，说是给父母烧点钱花，免得他们在阴间受苦。围观的邻居一听，都觉得神奇，纷纷出钱买纸。不一会儿，满屋子的纸就卖光了。由于慧娘还阳这天正好是七月十五，所以汉族人民每逢此日，都会给逝去的亲人烧纸钱。

汉族传说以外，佛教也有自己的传说。七月十五也称盂兰盆节，是佛教的鬼节。盂兰，梵语是"倒悬"的意思，是指人被倒挂。盆，是指盛供品的器皿。据说盂兰盆可以解除先亡人倒悬之苦。释迦牟尼十大弟子之一的目犍连就与盂兰盆节有关。

相传，目犍连有天眼通，他能够知道众鬼的罪业报应因缘。有一天他忽然想起死去的母亲，便立即运用天眼通。谁知却见到自己的

盂兰盆节：供灯

亡母堕在饿鬼道中受苦，咽喉像针缝似的细小，皮骨联结在一起。目犍连见状，孝心油然而生。他立刻用钵盛满饭菜，借神通力量把饭菜送到母亲面前。但是母亲尚未取饭入口，饭钵在手中即化为火炭，不能饮食。目犍连悲号涕泣，不能自己。他能知道众鬼的因缘业报，但不知道母亲究竟犯了什么罪业因缘受到如此苦楚。他带着沉重的心情，赶快前去请示佛陀。释迦牟尼说："你应该行盂兰盆法，念盂兰盆经。每年的七月十五日，是十方僧众结夏安居的最后一天，称为僧自恣日，又称佛欢喜日。此日，做子女的人，应当为七世父母以及现在父母于危难之中者，设百味珍肴饭食，供养十方大德僧众。因为在此日，一切圣众，均具清净成行，其德如汪洋大海，不可思议，如能供养此等僧众，则现世父母及六亲眷属，定能出离三涂之苦，应时解脱。若父母尚健在者，则福乐百年，这就是真正的超荐拔度的妙法！" 目犍连听佛陀说后，欢喜奉行，在僧自恣日供养圣僧大众以后，其母即于是日脱离饿鬼之苦。目犍连知道母亲脱离了饿鬼道中，很感激佛陀，并赞叹三宝功德，奉劝世间应行盂兰盆之法，供佛及僧，以报父母生养抚育慈爱的恩惠。

中元节的习俗

祭祖先。七月十五也是祭祖节。祭祖时，须先清扫祠堂，然后要把先人的牌位一一请出，恭恭敬敬地放到专门做祭拜用的供桌上，每位先人的牌位前都要焚香。每日晨、午、晚供三次茶饭，直到七月三十日送回为止。有先人画像的，也要请出来挂"祖图"。祭拜时，依照长幼辈分依次给每位先人磕头，默默祷告。先要缅怀先人的业绩贡献，对家族历史进行回顾。然后向先人汇报并请先人审视自己这一年的言行，保佑自己平安幸福。送回时，烧纸钱衣物，称烧"包衣"，广西东部地区称其为"烧孤衣"。在江西、湖南的一些地区，中元节是比清明节或重阳节更重要的祭祖日。祭祖后，江南水乡的人们还要吃毛豆。把洗好的毛豆用盐水煮上一大盆，一边吃毛豆，一边聊天。

放河灯。七月十五夜，人们要在河水中放河灯，追荐亡魂。清代宫廷中，每到此日，更是热闹。清代潘荣陛所著《帝京岁时纪胜·河灯》记载："每岁中元建盂兰道场，自十三日至十五日放河灯，使小

中元节：放灯

内监持荷叶燃烛其中，罗列两岸，以数千计。又用琉璃作荷花灯数千盏，随波上下。" 旧时京城的"斗灯会"从七月十三始至十七日晚止（尤以十五日为最），各家儿童呼伴结群，执灯遨游于天街、经坛、灯月之下，孩子们众口喊道："莲花莲花灯啊，今儿点了明儿扔啊！" 但也有其他书中提到，"莲花灯"必须在七月十五晚零点前焚毁，如果放到第二天则被视为不吉祥的事情。旧时这个节日，近山人家会前往山野或岔路口去插纸灯、焚纸、撒羹饭，称"放路灯"；

近水人家用竹篾和纸精制法船，亭台楼阁俱全，且装金刚罗汉等纸像并贴"慈航普渡"等楹联。入夜，于河沿、海边，点上油烛，放入水中，焚上冥纸，随水漂流，直至烧尽沉没，称之"放水灯"。四川人民也放河灯，民家习惯用木板加五色纸，做成各色彩灯，当中点蜡烛。有的人家还要在灯上写明亡人的名讳。商行等单位，则习惯做一只五彩水底纸船，称为大法船。传说可将一切亡灵，超度到理想的彼岸世界。船上要做一人持禅杖，象征目犍连。也有的做观世音菩萨像。入夜，将纸船与纸灯置放河中，让其顺水漂流。人们依据灯的漂浮状况，来判断亡魂是否得救。如果灯在水中打旋，被认为亡魂让鬼魂拖住了。如果灯在水中沉没，则表示亡魂得到拯救，已经转生投胎了。如果灯漂得很远或靠岸，则预示亡魂已经到达彼岸世界，位列天国仙班了。

六、腊月腊八节

腊八节的来历

农历十二月是腊月，初八日就是腊八节。腊八节据说起源于印度。相传，释迦牟尼出家修道，于腊月八日这一天饿倒在地。一个善良的牧女给他吃了一餐各种黏米和糯米混合的杂烩饭。饭后，释迦牟尼跳到河里洗澡，在菩提树下悟道成佛。释迦牟尼在六年苦行中，每日仅食一麻和一米，后人不忘他所受苦难，在每年的十二月初八日，大家都以麻、米熬粥，当日吃粥作为纪念，故"腊八"也就成了"佛祖成道纪念日"。后来，佛教传入中国，各地佛寺的浴佛会、诵经等仪式，也都效仿释迦牟尼成道前的食物，用香谷、或麻、米等煮粥供佛，称"腊八粥"。寺院还与门徒及善男信女一起分享腊八粥，此后，腊八节吃腊八粥便在民间相沿成习。

当然，把腊八粥和佛祖释迦牟尼联系到一起的初衷，是为了在中国推广佛教。古代中国每到农历年终都有一个祭祀的节日，叫腊日节。腊日节也在腊月，周代就有此节的记载。这个节日最大的特点就是时间跨度长，有的地方长达40日，但初八这天总是最热闹的。腊日节直到梁朝才固

腊八节：腊八粥

定在每年的腊月初八日，但当时并无腊八节的说法。宋代时佛教更加盛行，这才有了腊八节。但腊日节还在，并未退出历史舞台。可是宋人却自挖墙脚，把腊日节需要祭祀的灶王爷单独请了出去，在小年夜祭祀。这样腊日节就成了鸡肋。而佛教却大张旗鼓地推广腊八节。他们在腊八这天广兴浴佛会、施舍腊八粥，吸引人们去烧香拜佛，信奉佛教。渐渐地，人们就只知腊八，而不知腊日了。

腊八节的习俗

腊八粥。中国各地腊八粥的花样，争奇竞巧，品种繁多，其中以北京的最为讲究。掺在白米中的物品较多，如红枣、莲子、核桃、栗子、杏仁、松仁、桂圆、榛子、葡萄、白果、菱角、青丝、玫瑰、红豆、花生等总计不下20种。腊月初七夜，人们便开始忙碌起来，洗米、泡果、剥皮、去核、精拣，然后在半夜时分煮粥，再用微火炖，一直炖到第二天的清晨，腊八粥才算熬好了。讲究的人家，还要先将果子雕刻成人形、动物等花样，再放在锅中煮。比较有特色的就是在腊八粥中放上"果狮"。果狮是用几种果子做成的狮形物，用剔去枣核烤干的脆枣作为狮身，半个核桃仁作为狮头，桃仁作为狮脚，甜杏仁用来作狮子尾巴。然后用糖粘在一起，放在粥碗里，活像一头小狮子。如果碗较大，可以摆上双狮或是四头小狮子。更讲究的，就是用枣泥、豆沙、山药、山楂糕等具备各种颜色的食物，捏成八仙人、老寿星、罗汉像。这种装饰的腊八粥，以前只有在大寺庙的供桌上才可以见到。腊八粥熬好之后，先敬神祭祖，之后要赠送亲友，一定要在中午之前送出去，最后才是全家人食用。吃剩的腊八

腊八节：腊八蒜

粥，却是好兆头，取其"年年有余"的意义。如果施舍腊八粥给穷苦人吃，那更是为自己积德。腊八粥在民间还有巫术的作用。假如院子里种着花卉和果树，也要在枝干上涂抹一些腊八粥，相信来年多结果实。

腊八蒜。吃腊八蒜，是中国北方，尤其是华北、东北地区的习俗。每到腊八，家家户户都要选上好的紫皮蒜，剥皮后，将蒜瓣放在透明的容器内，然后加米醋浸泡。数日后，蒜瓣会慢慢地变成绿绿的翡翠色。腊八蒜必须要在腊八这天做吗？其实不然。很多老饭馆一年四季都供应腊八蒜，他们的秘诀就是把腊八蒜放在常温避光的地方，几天后便可食用。

七、小年送灶节

小年的来历

腊月二十三，是小年，也称送灶节、祭灶节。送灶，就是送灶神。灶神是东厨司命定福灶君的俗称，又称灶君，灶王。唐代李贤《杂五行书》记载："灶神名禅，字子郭，衣黄衣，披发，从灶中出。"这里的灶神是身穿黄衣，披着长发，从灶台中出来的子郭。至于姓氏，有人说灶神姓张，名禅，字子郭。而《灶书》则称："灶神姓苏名吉利，妇名博颊。"这个灶神叫苏吉利，他媳妇——灶王奶奶叫博颊。

后来灶神的形象不断被演绎。有说灶神其实就是个美女，而且还是个美女组合，叫六癸玉女，一共六个人。还有的干脆说灶神有三十六个。还有说昆仑山中有个老妇人，是各种火之母。还有供奉一对老夫妇画像的，据说是五帝灶君和五方五帝灶君夫人。

汉代前，灶神仅主饮食。汉代后，灶神职责扩大至掌握一家寿夭祸福。东晋葛洪说："灶神上天后要细数人间罪状。犯大错的要罚寿

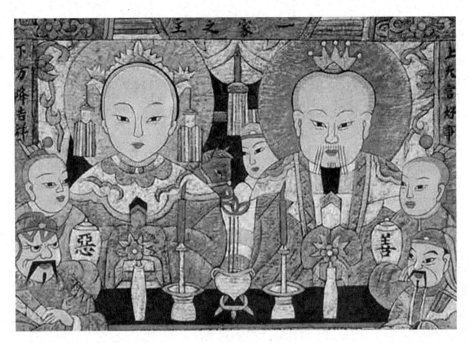

三百天；小错罚三天。”

　　灶神考察一家的善恶功过，同时记录这些功过，等到腊月二十三日上天汇报。所以这天，家家户户都要恭恭敬敬送灶“上天言好事”。其实，灶王还有个美丽的民间传说。

灶王的传说

　　据说，古代有一位姓张的汉子会盘锅台，手艺高超，人称“张灶王”。张灶王性格耿直，乐善好施，又好打抱不平，街坊邻里受其恩惠者不计其数。张灶王整整活了70岁，寿终正寝时正好是腊月二十三日深夜。

　　张灶王是一家之主，家里大事小情都由其做主，他这一走，家里可就乱成了一锅粥。张灶王有个弟弟只爱绘画，对家务事一窍不通。几个晚辈见张灶王过世，便吵着要分家，张灶王弟弟无法应付，整日愁眉苦脸。一年后，他突发奇想，便在腊月二十三日张灶王亡故一周年的祭日深夜，将全家人喊醒，说是大哥显灵了。全家老小来到厨房，看见黑漆漆的灶壁上，飘动着的烛光若隐若现显出张灶王和已故张大嫂的容貌，家人目瞪口呆。张灶王弟弟说："我睡觉时梦见大哥和大嫂已成了仙，玉帝封他为'九天东厨司命灶王府君'。你们平素好吃懒做，妯娌不和，不敬不孝，闹得家神不安。大哥知道你们在闹分家，很气恼，准备上天禀告玉帝，年三十晚下界来惩罚你们。"儿女、侄媳们听了这番话，惊恐不已，立即跪地连连磕头，忙取来张灶王平日爱吃的甜食供在灶上，恳求他饶恕。

从此，张家恢复了往日的平静祥和，全家平安相处，老少安宁度日。街坊邻友知道这事后，一传十，十传百，均啧啧称奇。其实，腊月二十三夜灶壁上的灶王，是张灶王弟弟预先绘制的。他欲假借大哥显灵来镇吓晚辈，谁知效果非常明显。后来，左邻右舍纷纷前来向张灶王弟弟请教家庭和睦之道，他只得假戏真做，把画好的张灶王和张大嫂像分送给邻舍。如此一来，家家户户的灶房都贴上了张灶王和张大嫂像，久而久之，便形成了腊月二十三给灶王爷爷和灶王奶奶上供、祈求合家平安的习俗。祭灶风俗流传后，自周朝开始，皇宫也将它列入祭典，在全国立下祭灶的规矩，成为固定的仪式。

小年的习俗

中国幅员辽阔，各地在过小年的时间上稍有不同。北方大部以腊月二十三或二十四为小年；江浙沪等地以正月初五为小年；还有不少内陆地区称正月十五元宵节为小年；甚至还有以冬至为小年的。过小年的时间不同，各地送灶的习俗也有差异。当然，也有共同的。

祭灶送灶。"二十三，祭灶官。"小年夜，家家都要摆上灶王龛，中间供灶王爷神像。上书"东厨司命主""人间监察神""一家之主"等文字，两旁贴"上天言好事，下界保平安"。灶王爷像前供上水果、甜糖、清水、料豆、秣草。需要说明的是，甜糖在北方叫灶糖。灶糖是一种非常粘牙，又非常好吃的麦芽糖，又叫"关东糖"。清水、料豆和秣草是为灶王爷上天路上准备的。祭灶时，要把关东糖用火融化，涂抹在灶王爷的嘴上。意思是让灶王爷的嘴是甜的，这样到了玉帝那里就只能说好话。祭灶时，祭灶人要怀抱纸扎公鸡跪在灶王爷像前。公鸡就是灶王爷的马，灶王爷要骑着它上天。祭灶后，要将灶王爷像和纸扎的公鸡烧掉。送灶时要燃放鞭炮。祭灶的果品由家人分食，"吃了祭灶果，脚骨健健过"。必须提到的是，祭灶时，必须全家都在场，每个人都要得到灶王爷的美言。

　　女不祭灶。俗语说："男不拜月，女不祭灶。"据说，灶王爷长得美貌英俊，像个小白脸，为避男女之嫌，过去禁止女子祭灶。不过，这个习俗近来已经改变，女人们和男人一样，都要祭灶和送灶了。

小年：灶糖

第六章　民族节日

一、蒙古族春节

节日由来

蒙古族的春节有个好听的名字，叫查干萨日。蒙语中"查干"是指白色，"萨日"是指月，"查干萨日"意思就是"白月"或"白节"。为什么叫做"白月"呢？这是因为，古代蒙古人认为白色是万物之母，能"吉祥纳福"；同时白色也象征他们像乳汁一样纯朴、洁白无私，所以蒙古族人就把一年之首的正月称为"白月"。

早期的蒙古族人是以草木的青枯划分春秋二季的。随着自然知识不断增加，按草木青枯、气候转换分一年为四季。蒙古族同汉族一样，也以十二生肖纪年，但以虎为岁首。喇嘛教盛行后，又以青、红、黄、白、黑五色与生肖相配，称红兔年、青龙年、白马年等，以六十年为一个周期循环。

元太祖成吉思汗建国后，蒙古族就接受了汉族历法。元代初期沿用祖冲之的《大明历》。这部历法虽已沿用700多年，但其认为冬至点固定不变，故误差很大。《元史》记载，成吉思汗征讨西域期间使用《大明历》，可是历法上说的五月十五日有月食，并没有出现。忽必烈灭南宋后，命许恒、王恂、郭守敬等重新制定历法。他们参考历代历法，结合日月星辰变化，终于在1277年冬制成了新历法——《授时历》。这部新历法，比旧历法精确得多。它计算一年有365.2425天，同地球绕太阳公转一周的时间，只相差26秒。这部历法与现在通行的格里历（即公历）一年的周期相同。但是郭守敬的《授时历》比欧洲人确立公历的时间要早302年。

由于采用了汉族历法，故蒙古族同汉族一样，也过春节。

节日习俗

春节也是蒙古族最重要的节日之一，蒙古族人民非常重视春节，喜庆活动往往充斥整个正月。过年的准备工作早在入冬伊始便着手进行了，牧民们杀牛宰羊，储备充足的肉食。到了腊月，则需制作蒙古族传统的食品，奶油果子和蒙古包子。妇女们则快乐地缝制全家人过年穿的礼服——蒙古袍。整个春节喜庆活动从中国农历的腊月二十三祭火时就开始了，到了"比图"，也就是年三十，这种喜庆的气氛就达到高潮。

祭火。农历腊月二十三，传说是火神密仁扎木勒哈降生之日，蒙古族最隆重的"祭火"仪式就在这天举行。"祭火"前，家家户户仔细打扫庭院、房屋，准备祭品和火撑子。火撑子，蒙古语叫"突力嘎"，是一种腰缠三箍，上有四个支撑点的火架子。火撑子架在火盆上，里面放干柴。有的不用火撑子，便在火盆里搭起四边形干柴架。火撑子或木柴的四眉上，挂满蓝、白、黄、红、绿五彩布条，分别代表蓝天、白云、黄教、红火、绿色的生命。农历腊月二十三日傍晚，一家之主点燃一把香，首先绕行宅院一周，然后恭敬地来到事先准备好的火撑子前，举香在火撑子左右各绕三圈，把香插入火盆内，祭祀正式开始。参加祭仪的主要是家主和男孩。左邻右舍、亲戚朋友也可以参加，女孩和外姓回避。出嫁的女儿无权享用供品。"祭火"开

第六章　民族节日

139

蒙古：查干萨日

始，参加者各端一个盛食品的小木盘或碗，坐在地上，准备招福。祭辞有的是藏经，有的是蒙语，有的深奥，有的通俗，都是优美的韵文。祭火完毕，全家人共享"阿木斯"，一种加进黄油、大枣的米粥。

年三十。这是查干萨日最为热闹的一天，全家老小都要换上崭新的蒙古袍，屋里屋外充满了欢声笑语。上午的第一件事是祭佛。在佛祖供台上用各种奶食、油食摆成小塔形状，上面还要插上特制的金银花。再用十二个小铜盅倒满白酒，然后点上长明灯。同时开始张贴用蒙文书写的对联。晚饭前祭祖是第二件事。在院外找一处平地，铺好新地毡，摆上酒席，开始祭祖。长辈嘴里念念有词，复诵着"德都司"（蒙古人对去世先辈的统称），将一杯酒洒一半在地上，再把另一半洒向天空。祭祖完毕，全家开席，这是第三件事。晚辈给长辈敬酒称"辞岁酒"。此日，全家不分男女老幼，皆可尽情娱乐，灯火通明，一夜不睡，直至天明。有的还请来蒙古民间艺人说唱"乌力格尔"（蒙古说书）。青年人欢聚在一起唱歌、跳舞。不喜欢跳舞的姑娘们则聚在一起耍"沙哈"或"嘎拉哈"（汉语"背式骨""羊拐"，是羊的膝盖骨，北方游牧民族中小女孩做游戏时的一种玩具），以这些丰富多彩的形式来守岁。这种游戏，北方的汉族儿童也会玩耍。

祝寿。初一凌晨，是蒙古人为长辈祝寿的时间。祝寿的时候，全家穿上节日服装，摆上宴席，先由晚辈给长辈敬酒，行跪拜礼。男人双膝下跪，头往下低时双手上下摆动。长辈以吉祥、祝福言语为晚辈祈福。未婚女子与男人一起跪拜，而已婚女子则右膝下跪，右手在面额右侧上下摆动，新媳妇则须唱歌。然后便开始外出拜年或迎接上门的拜年者。

拜年。这是草原上春节最隆重的活动。正月初一，晨曦微露的时候，牧民们先祭敖包，然后开始家庭内部拜年。之后，人们跨上早已备好的骏马，三五成群地奔向"浩特"（村镇），逐个地串蒙古包，俗称"串包"。串包中，先要给长辈叩头祝愿，其后由主人家的女婿为前来串包的客人敬酒，按习惯此酒每敬必喝。通常是载歌载舞，气氛热烈。串包男女经常利用此机会赛马，增进友谊。

二、藏历的新年

节日由来

要了解藏历新年的由来，须先知道藏历的由来。藏历的正式使用，始于公元1027年。这年正好是阴火兔年，藏族历史上把这一年定为首个六十年周期纪元的第一年，也就是说藏历新年即从此年开始。藏族语中对1027年雅称为"第一绕迥"，意为胜生年。所谓"胜生"是指时轮经中记载的香拔拉的难胜法王传法的最后一年——1026年，故将次年定为"胜生年"。这种历算法与中原文化交流有着密切的联系。据文字记载，公元前100多年，西藏历算是以月亮的圆、缺、朔、望来计算月份的。到了唐朝，文成公主进藏后，带来了许多经书典籍，其中有关于天文历算的书籍，这对藏历的完善和发展起到了极其重要的作用。这时，计算新年第一天的方法已从月的亮度进步到以星辰为主要依据。从宋仁宗天圣五年开始，藏历与皇历（即阴历）逐步统一。到了八思巴的萨迦王朝统治全藏时，藏历完全成熟了，过年的仪式也固定下来，一直沿袭到现在。

藏族：藏历新年

藏历新年是藏族人民最隆重的节日，其过节时间与汉族春节有异有同。比如2009年藏历新年是2月25日，汉族春节是1月26日。而2008年藏历新年和汉族春节则是同一天。藏历新年从藏历元月一日开始，到元月十五日结束，共15天时间。因为全民信仰佛教，节日活动洋溢着浓厚的宗教气氛。

节日习俗

理发扫除。藏族人民的新年与汉族春节大有不同。一进入农历十二月,家家户户便开始为新年做储备。新年的前几天,男子要剃头,女子要洗梳发辫。梳洗打扮是为新的一年讨个吉祥如意的好彩头。如男子留长发过年,女子不洗梳发辫过年,则被视为来年不吉利。清扫从12月28日起,住宅房屋、村寨走道、田坎地角,甚至屋内的抽屉也不放过。清扫天花板及烟囱时需择吉日,如3、5、7、9等日。

团圆古突。除夕这天,家家户户都要换上新布帘,还要在房顶插上簇新的经幡。门前、房梁和厨房墙壁也要用石灰粉画上表示吉祥的符号,构成一派喜庆的气氛。入夜,全家老小围坐在一起吃一顿例行的"古突",类似汉族新年的团圆饭。"古突"是面团土粑。"古"在藏语里是"九"的意思,这里代表"二十九日"。"突"就是"土粑"。家庭主妇会在土粑中包进石子、羊毛、辣椒、木炭、硬币等物品。谁吃到这些东西必须当众吐出来,预兆此人的命运和心地。石子代表心狠,羊毛代表心软,木炭代表心黑,辣椒代表嘴巴不饶人,硬币预示财运亨通。吃到这些东西不能咽下,一定要当场吐出来,周围人会借题发挥,掀起欢乐的高潮。

固朵驱鬼。西藏民间传统习俗,每年藏历十二月二十九日都要举行驱"鬼"仪式。按古老传统,民间普遍是在晚饭后举行这一仪式,人们把它称为"固朵",意为二十九驱鬼。"固朵"源于原始图腾崇拜的民间宗教,在广大藏族人民群众中有着根深蒂固的影响。各宗教派别寺院也举行"固朵"仪式,他们虽从形式上借鉴民间的"固朵",但其内容大都与各自教派的宗教思想结合为一体。

卓索切玛。卓索切玛就是用麦子、酥油、糌粑等制作的供物,简称"切玛",是藏族人民象征祥瑞的一种吉祥物。"卓索"是藏族语，意为麦子、麦粒、麦穗。丰收的麦子有大穗或双穗的，古人多以为祥瑞之兆。"切玛"中的切是青稞炒熟磨成的酥糕。从三十日开始在寺院、活佛府邸及各僧人家中摆设制作好的"卓索切玛"。卓索切玛做成后放在佛堂或堂屋的供桌上，两边摆上油炸饼，中间点燃酥油灯。

三、瑶族盘王节

节日由来

瑶族是分布于中国广西、湖南、云南、广东、贵州的少数民族，他们主要居住在山区。瑶族有盘瑶、山子瑶、顶板瑶、花篮瑶、过山瑶、红瑶、蓝靛瑶等分支，现在统称瑶族。盘王节是瑶族祭祀祖先盘瓠（音户）的重大节日。

盘瓠，相传是瑶族、苗族的祖先。远古时，黄帝的曾孙高辛氏帝喾（音库），有一位皇后姓刘。有一天，刘氏皇后梦见天降娄金狗下界托生，醒来时耳内非常疼痛。娄金狗是二十八星宿的西方第二宿，就是现在的白羊座，梦见它是吉祥之兆。御医从刘氏皇后的耳内找到一条非常漂亮的大约三寸长的金虫，刘氏认为是吉祥之物，命人取出玉盘，专门贮养金虫，并用一种类似葫芦叶的瓠叶为其保暖。金虫一天就能长大一寸，四个月后，竟然身长丈二。它外形似凤凰，花纹似锦绣，头上还有二十四斑黄点，帝喾为其取名麟狗，号盘瓠。

这时犬戎兴兵来犯。帝喾悬赏，遍招能人，称：谁取得犬戎贼王首级，就将三公主许配给他。盘瓠二话不说，奔向敌营。犬戎的头目此时正喝得大醉，盘瓠乘其不备，闪电般咬断头目的头，将其首级带回献给帝喾。帝喾一看是盘瓠，嫌它是一条狗，有意悔婚。盘瓠忽然发出人语："把我放在金钟内，七个昼夜我就可以变成人。"

瑶族：盘王节

帝喾听从其言，把盘瓠放在了金钟里。在金钟里待了六天，三公主怕盘瓠饿死，就把门打开了。一看，盘瓠已经身成人形，但头还未变。虽然没有完全变成人形，但三公主还是和盘瓠结婚了。帝喾派盘瓠到会稽山为王，号称盘王。

盘王和三公主婚后生下六男六女，盘王各赐一姓，成为瑶族最早的十二姓。盘瓠虽已为王，但仍过着俭朴的生活，带领子女劳动狩猎，艰苦营生。有一次，盘王与六个儿子上山打猎，追赶一只受伤的山羊，不幸被羊角所伤，跌下山崖死了，尸体挂在一棵树上，儿女们将树砍下做鼓身，剥下羊皮蒙上，制成长鼓。他们背起长鼓，边敲边哭边唱，追悼盘王。至今瑶族同胞还保留不食狗肉的习惯，而祭盘王也是盘王节的重要内容。

瑶族是一个多族系的民族，本无全民族统一的节日，各地瑶族过盘王节的时间不一致，一般在秋收后至春节前的农闲时间举行，分定期和不定期两种。1984年8月，来自全国各地的瑶族代表汇集广西南宁，大家一致赞成以"勉"族系的祭祀节日跳盘王（或称为盘王）

为基础，加以发展，成为盘王节，一致议定"盘王节"为瑶族统一节日，并将节日定在每年农历十月十六日（盘王诞日）举行。1985年农历十月十六，全国各地的瑶族代表和民间艺人云集广西南宁，以联欢会的方式，欢度了瑶族有史以来的第一次全民族的盛大节日——盘王节。

节日习俗

盘王节期间，瑶族人家可以一家一户，也可以邻里联合或同宗同族一起庆祝。节日一般为三天两夜，有的长达七天七夜。节日一般分三个步骤：祭祀盘王、跳盘王舞、唱盘王歌。

祭祀盘王。节日期间，要设置祭坛，悬挂画像。盘王像悬挂在正中，而且画幅最大，左右是真武、功曹、田公、地母等的神像。祭祀开始，鸣火枪三响，随后，鞭炮齐鸣。在鞭炮声中，族老寨老在神像前供奉猪头、糯米粑、鸡肉、酒等祭品，人们面对神像，低头默祷，表示敬仰、怀念。

跳盘王舞，也称跳盘王。它舞风独特，内容丰富，共有铜铃、请客、出兵、收兵等十余个场面。祭祀盘王后，鸣放四响铁炮，族老寨老身挂大长鼓（母鼓），双手拍击，手舞足蹈出场。身后四男，右手均拿小长鼓（公鼓），左手拍打鼓心，绕母鼓边舞边转动。击打母鼓的寨老动作诙谐，时而学鸡啄米，时而学猴抓腮摸股，观者捧腹不止。盘王舞除集体舞外，还有双人、四人舞。舞蹈动作有的如种地，有的如种树，有的如伐木。有时还会在舞蹈中插入传统动作，如金鸡跳跃、凤凰展翅、狮子绣球等。

唱盘王歌，也称会歌堂。盘王歌是瑶族的民族史诗，现存抄本有二十四路、三十二路和六十八路三种，每一路都有三千行以上，七天七夜才能唱完。盘王歌内容丰富，有叙述日月星辰、万物起源的《盘王图歌》；有讲述伏羲兄妹造人类的《伏小娘》；有赞美瑶族先人居住地的《桃源歌》，真是不胜枚举。

今天的盘王节不仅发展为庆祝丰收的联谊会和青年男女寻觅佳偶的契机，节间还举办物资交流、商品展销及各项文体表演竞技活动，观者云集，盛况空前。

四、傣族泼水节

节日由来

泼水节是中国傣族的传统盛大节日。傣族聚居在云南西双版纳地区，人口达百万以上。傣族人使用的傣语，是源于梵文的拼音文字，属于汉藏语系。傣族人民信仰小乘佛教。佛教对傣族人民的生活和习俗有根深蒂固的影响。傣族有自己的历法。据说傣族前后用过三个历法：橄榄时代历法、谷米时代历法和阶级时代历法。目前所用的就是阶级时代历法。傣历与汉族公历相差638年，因为傣历零年是公元638年（唐太宗贞观十二年）。如公历2012年，傣历就是1374年。傣历新年就是泼水节。

泼水节，也叫宋干节，时间一般在4月13—16日之间。相传，很早以前，有一个凶恶的魔王，他身有魔法保护全身。能落在水里漂不走，掉在火里烧不化，刀砍不烂，枪刺不入，弓箭射不着。他自恃法力过人，整天横行霸道，为非作歹。对人民欺压掳掠，无恶不作。他已经有了六个美丽的妻子，却又抢了一位美丽、聪明的妻子侬香。

有一年，正是人间过年的那一天，魔王在宫中饮酒作乐。酒过三巡，已经醉醺醺的了。小妻子侬香乘机对魔王称颂道："我尊贵的大王，您法力无边，德行高尚，凭您的威望，完全可以征服天堂、地狱、人间，您应该做三界的主人。"魔王听了得意扬扬，沉思了一会

傣族：泼水节

儿，转过脸对爱妻说："我的魔力确实能征服三界，但是我的弱点是谁也不知道的。"小妻子接着又问道："大王有如此魔力，怎么会有弱点？"魔王向四周张望，确定安全后，小声回答："我就怕别人用我的头发勒我的脖子，这会使我身首分家，你可得经常看着点儿。"她假装惊讶地追问："能够征服三界的大王，怎么会怕头发丝？"魔王又小声地说："头发丝虽然小，但用我的头发丝勒我的脖子，我就活不成了。"

　　她听了以后，暗暗打定主意。于是，她继续为魔王斟酒，直到魔王酩酊大醉。她又扶魔王上床睡熟。这时，她小心地拔下魔王的一根头发，未等魔王惊醒就勒到了魔王的脖子上。魔王的头立刻就掉到地上，头上滴下的血，每一滴都变成了一团火，熊熊燃烧，而且迅速往人间蔓延。这时，侬香赶忙把魔王的头抱起来，大地上的火焰也就熄灭了，可头一放下，火又烧起来了。这时，六个王妻也都赶来了，她们轮流抱着魔王的头，这样火才不再烧起来。

　　后来，侬香回到人间，但她仍浑身血迹。人们为了洗掉她身上的血迹，纷纷向她泼水。血迹终于洗净了，侬香幸福地生活在了人间。侬香死后，人们为了纪念她，在每年过年的时候，就相互泼水，用洁净的水洗去身上的污垢，迎来吉祥的新年。

节日习俗

　　泼水节为期三天。第一天为"麦日"，类似农历除夕，傣语叫"宛多尚罕"，意思是送旧。这天人们要收拾房屋，打扫卫生，准备年饭和节间的各种活动，还要放高升和划龙舟。第二天称为"恼日"，"恼"意为"空"，按习惯这一日既不属前一年，亦不属后一年，故为"空日"；第三天叫"麦帕雅晚玛"，据称此日是麦帕雅晚玛的英灵带着新历返回人间之日。帕雅晚，是傣族的"日子之王"。他死后，其灵魂成了传递天上与人间信息的使者，并在新年这天带着天神新修的历法以及风、雨、晴、阴、热、冷返回人间。人们习惯将这一天视为"日子之王来临"，是傣历的元旦。这天也是傣族人们互相泼水祝福的日子。

　　放高升。所谓"高升"，就是傣族土制的火箭。它由竹筒、竹竿制成，里面加满火药。大的高升长达八米，重数十斤；小的较轻，有一米左右。施放时，将高升缚在发射架上，点燃导火线，即飞上高空。高升上装有竹笛，飞升时能发出鸣响。多在节日放飞。"高升"意为步步高升、风调雨顺，它是傣族群众在欢度新年时的一项重要活动，不论是赛龙、泼水节或是除旧迎新的时候，都要放高升。人们都希望高升把人间的灾难、疾病送走，使大地上六畜兴旺、五谷丰登。

泼水节。元旦清晨，傣族人们身着崭新的民族服装，前往寺庙拜佛，祈求人丁兴旺、风调雨顺。拜佛后，人们将佛像抬到院中，全寨妇女担来碧澄清水为佛像洗尘，这是"浴佛"。佛寺礼毕，青年男女退出，互相泼水为戏，于是群众性的泼水活动就开始了。人们用铜钵、脸盆以至水桶盛水，拥出大街小巷，嬉戏追逐，逢人便泼。人们认为，这是吉祥的水，祝福的水，可以消灾除病，所以尽情地泼，尽情地浇，不论泼者还是被泼者，虽然从头到脚全身湿透，但还是高兴异常。

放孔明灯也是傣族地区特有的活动。入夜，人们在广场空地上，将灯烛点燃，放到自制的大"气球"内，利用空气的浮力，把一盏盏孔明灯放飞上天。一盏盏明亮的孔明灯在漆黑的夜晚越飞越高，越飞越远。人们以此来纪念古代的圣贤孔明。

五、苗族的苗年

节日由来

有关苗年的最早记载见于清代田雯的《黔书》："（苗人）以季夏为岁首，屠牛醵（音巨）酿以祀天。"苗年的日期因地域不同各异，有的同一个县内过苗年的日期也不尽一致，相同的是，时间均在秋收后，即分别在农历的九月、十月或十一月的辰（龙）日或卯

（兔）日或丑（牛）日举行。如果当月有三个辰、卯、丑日，则选在第二个辰或卯或丑日。广西融水苗族自治县的苗族聚居区苗民以农历十二月为过节期。苗人忌虎日过年，因为他们视虎为凶猛不吉之物。苗年与苗族人民的另一个重要节日"鼓藏节"息息相关。

相传，万物起源于枫树。女神妞香砍倒枫树后，树根化成泥鳅，树干摇身变成铜鼓，树枝展翅成飞鸟，树洞里飞出一只美丽的蝴蝶。蝴蝶妈妈在土地上生下了12个圆圆的蛋，她孵蛋三年，其中11个孵化成雷公、鬼、神、龙、蛇、虎、豹、豺、狼、拥耶（最早的男人）、妮耶（最早的女人），但剩下的一个蛋始终没有变化，只是越来越重，无法挪动。蝴蝶只好请暴风使出神力。暴风一阵狂吹把蛋刮下山崖，蛋壳破裂，钻出一头小牛。小牛怨恨蝴蝶妈妈没有耐心孵化他，还把他摔下山崖。蝴蝶妈妈一气之下，抑郁而终。拥耶、妮耶用小牛耕地种田，但总是颗粒无收。鬼、神告诉拥耶、妮耶：因为小牛气死了蝴蝶妈妈，所以用他耕地永远长不出好庄稼。只有把小牛杀掉，祭

苗族：苗年

拜蝴蝶妈妈才能获得丰收。于是，拥耶、妮耶把小牛杀了，祭奠蝴蝶妈妈，立刻迎来大丰收。丰收之日，人们歌舞、欢唱、饮酒。年复一年，逐渐形成了苗年。

每隔13年，苗民都要在丰收之时祭祀蝴蝶妈妈，于是，就有了"鼓藏节"。鼓藏节每次要举办四届，即四年。这样鼓藏节便经常与苗年撞期。比如2011年11月9日至13日，贵州省黔东南州雷山县苗族同胞迎来了一年一度的苗年和13年一次的鼓藏节。

过苗年是为了庆丰收。虽然各地苗族人民过节日期并不一致，但都在农作物收割之后。祭祀蝴蝶妈妈、在苗年里过鼓藏节也是为了丰收。农闲之后，有这么一个隆重的节日，难怪苗年是苗族一年中最热闹的节日。

节日习俗

苗年的头几天，苗族同胞要扫房子、备年货。年货一般为糯米粑、米酒、豆腐、豆芽。有的还要杀猪、牛、羊等。苗年年饭丰盛，讲究"七色皆备""五味俱全"，并用最好的糯米打"年粑"，还要做香肠和血豆腐。当然，还要为家人缝制新衣服。

苗年三十的晚上，全家都要在家吃年饭。午夜时，才打开大门放鞭炮，表示迎接龙进家。初一清晨，家家由长辈主持祭祖。早餐后，中青年男子便上邻居家拜年，苗语称为"对仰"，表示祝贺新年快乐。

苗年初一和初二，家里有若干禁忌，如：不外出挑水，不上山砍柴、割草；不扫地；妇女不做针线活；有的地区，妇女不做饭，由男人代替；男人不外出拾粪等。苗乡的男婚女嫁，一般都选在过苗年期间。

初四开始，一些老年男女也纷纷挑着酒、肉、糯米粑等走亲访友，或者在家忙于接待来宾；年轻男女或在各自的村子里吹笙跳舞，或跳铜鼓舞、斗牛；或者小伙子去别的村子游方场"游方"，男女青年相互对歌，倾吐爱慕之情。

芦笙舞，又名踩芦笙、踩歌堂等，因用芦笙为舞蹈伴奏和自吹自舞而得名。芦笙舞是南方少数民族最喜爱、分布最广泛的一种民间舞蹈，大多在年节、集会、庆贺等喜庆时刻表演。它的表演一般有两种，一种是男生吹小芦笙、女生持花手帕，男一圈、女一圈地把一群吹大芦笙的舞者围在中间，踩着乐曲的节奏、轻轻地摆动着身体绕圈而舞；还有一种是由一对以上的男性芦笙手作领舞，女生们尾随其后围圈而舞。动作随领舞者吹奏的曲调而变化。

六、满族添仓节

节日由来

满族主要居住在辽宁省，人口千万以上，在中国55个少数民族中排名第二。每年农历正月二十五日是满族的添仓节。添仓节，也作填仓节。

添仓节祭祀仓神。某年旱灾，粮食颗粒无收，百姓衣食不保。官府不但无视百姓疾苦，还继续横征暴敛，逼得老百姓无法生存。有个守粮仓的官吏，知道这一情况后，对百姓动了恻隐之心。他偷偷打开粮仓，救济百姓。仓官心知自己开粮仓罪过不轻，等到百姓取走粮食后，点火焚毁粮仓，自己也跳进火里，与粮仓一起化为灰烬。这天是正月二十五日。后来，人们就在这天设供纪念这个好心的仓官。于是相沿成习，这一天便成为了祭祀仓神的节日。

节日习俗

马驮粮食。添仓节时，先用秸秆编织一匹小马，然后将其插在煮好的红高粱米饭上，并放在粮仓里。红高粱米饭吃完一碗后，要重新填满，连填三回，才能丰衣足食。

添仓节并非满族独有，汉族也过。正月二十五，山东地区的人们一大早起来，从灶头扒些草木灰，用筛子筛细，用簸箕或木锨盛好，到天井或场院里画圆圈，大圈套小圈，少则三圈，多则五圈，称之为"粮仓"或"粮囤"，然后里面放上一把粮食，叫做填仓，寓意五谷丰登；若在囤里放鞭炮，意味涨囤，粮食多得盛不了；放上粮食后，压石头，意思是封门。屋内撒灰呈方形，叫做"钱柜"，装钱用。鲁中一带流行二十五打空囤的做法，"二十五打单囤，备好粮仓，盛粮食"。等到二月初二，再打双囤，上面画好梯子，表示上仓丰收的时

满族：添仓节

候到了。民间有"收不收五谷，单看正月二十五"的说法，如果这天天晴无风，就预示着今年庄稼必定丰收。

北京有民谚道："过了年，二十三，填仓米面做灯盏。拿簸帚，扫东墙，捡到昆虫验丰年。"还有"天仓，天仓，大米干饭杂面汤"，"点遍灯，烧遍香，家家粮食填满仓"，这些谚语流传至今。

七、回族开斋节

节日由来

开斋节是伊斯兰教的盛大节日，也是中国回、维吾尔、哈萨克、乌孜别克、塔吉克、塔塔尔、柯尔克孜、撒拉、东乡、保安等少数民族共同欢度的节日。开斋节也称拉马丹节，节日时间是伊斯兰教历（回历）的10月1日。按伊斯兰教规定，回历每年分十二个月，单月为三十天，双月为二十九天，每年较公历少十一天，三年相差一月余。因此，按公历计算，伊斯兰教的节日并没有固定的时间。

开斋节是阿拉伯语"尔德·费土尔"的意译。新疆地区的回族穆斯林称它为"肉孜节"。"肉孜"是波斯语，意思就是"斋戒"。宁夏南部山区的回族穆斯林称它为"小尔德"，甘肃、青海、云南等地的回族穆斯林称它是"大尔德"。开斋节在各地尽管称谓不同，但实际上就是一个规模盛大、礼仪隆重的节日，相当于汉族群众过春节，藏族人民过藏年。开斋节前夕，在外面工作的、做买卖的、出差的回族穆斯林都要提前赶回家中。

按伊斯兰教法规定，伊斯兰教历每年9月为斋戒月，伊斯兰教历的9月，穆斯林习惯用阿拉伯语称9月为"莱麦丹"月，"莱麦丹"是"练"的意思，即练思想、练意志、练身体，也称"斋月"，通常也

回族：开斋节

称"封斋""把斋"。凡成年健康的穆斯林都应全月封斋，即每日从拂晓前至日落，禁止饮食和房事等。封斋第29日傍晚如见新月，次日即为开斋节；如不见，则再封一日，共为30日，第二日为开斋节，庆祝一个月的斋功圆满完成。是日，穆斯林前往清真寺参加会礼，听伊玛目（即率众礼拜者）宣讲教义。

为什么伊斯兰教要在9月封斋呢？相传，伊斯兰教创始人穆罕默德40岁那年9月，真主把《古兰经》的内容传授给了他。因此，回族视斋月为最尊贵、最吉庆、最快乐的月份。为了表示纪念，就在每年伊斯兰教历9月封斋一个月，10月1日开斋。

节日习俗

伊斯兰教初创时，穆罕默德在封斋期满后，进行沐浴，然后身着洁净服装，率领教众步行到郊外旷野举行会礼，并散发开斋捐"菲图尔钱"，表示赎罪。后来，这些行为逐渐演变成开斋节的习俗。

洗小净。小净，中国穆斯林常用波斯语"阿卜代思"来表示，即冲洗身体的部分部位。洗小净的仪式是根据《古兰经》和圣训规定的，所以不能把它看作一次普通的洗涤。回族同胞把洗小净过程看作心理的调节。小净的目的是为拜真主做准备，是直接向真主表达敬畏。穆斯林有言："先心净，后身净。"洗小净主要包括洗手、洗脚、摸头、漱口、洗脸、刷牙等，其中刷牙被认为是小净中最重要的圣行，因为"刷牙礼两拜，贵过不刷牙礼七拜"。

开斋捐。在开斋节会礼前，生活富足的家庭，为赈济贫困者而交纳的施舍物品，即为开斋捐。交纳的开斋捐以半升小麦，或一升大麦为准，以供给一名贫苦人一天的伙食为限，也可以用现金和其他物品替代，中国穆斯林传统上称其为"麦子钱"。富足的家庭必须按时交纳开斋捐，这是斋戒完美不可缺少的一部分。

炸油香。油香就是面饼。相传，穆罕默德在麦加创立伊斯兰教时，历经磨难，不得已迁往麦地那。穆罕默德的到来，受到当地百姓的热烈欢迎，阿尤布老汉为饥饿中的穆罕默德献上油炸的面饼。穆罕默德大赞面饼美味，并为其取名——油香。从此，回族同胞在盛大节日时，都会互赠炸油香，表达节日的祝福。

八、朝鲜族老人节

节日由来

朝鲜族的老人节，也称回甲节，是为庆祝长者六十以上寿辰而设立的节日。中国朝鲜族人口逾千万，主要分布在辽、吉、黑三省。朝鲜族自古就有尊老的传统，日常生活中晚辈见到长辈，即使是不认识的，也要行大礼问安。晚辈与长辈同行，一定要走在长辈后面，以示尊重。同长辈讲话，一定要用敬语。老人节的日期，各地并不一致。黑龙江省为农历六月二十或二十四日；延边朝鲜族自治州是农历八月十五日。

朝鲜族：老人节

朝鲜族把60周岁看成是人生道路上的分水岭，因而民间有60岁的"花甲宴"、70岁的"古稀宴"，还有结婚60周年的"回婚礼"。这些都是朝鲜族人民特别重视的活动。老人花甲寿辰这天要隆重操办"花甲宴席"。提起"花甲宴"，还有一个故事。

从前，高丽国王颁布了一条法律，老人一到60岁花甲，不管死不死都要埋葬。一位姓金的小伙子舍不得把老父埋掉，就把老父藏了起来。后来，有个国家给高丽国王出了三道难题，若答不出就灭掉高丽国，国王为此而发愁。姓金的小伙子给老父送饭时，说起这件事，老人眉头一皱，计上心头，想出回答三道难题的妙法。小伙子把这些办法告诉了高丽国国王，解救了国难。后来国王知道这些好办法是一位要被埋掉的老汉想出来的，就下令废除这条法律，并设"花甲宴"来纪念老人的智慧。

节日习俗

在花甲宴这天，儿女们为老人大摆寿席，广邀亲朋邻里欢聚一堂，深情地感谢父母的养育之恩。祝寿的仪式是这样进行的：儿女们先为老人换上一身特制的礼服，还要给老人戴上大红花。在大厅或院子里摆上寿席，花甲老人坐在寿席正中，同邻里中的同辈兄弟一起接受寿礼。当寿桌上摆好了糖果、鱼、肉、糕点和酒菜时，寿礼便开始了。儿女按长幼之序，亲朋好友按远近之别，依次敬酒献宴。或者敬酒，或者献祝诗，或者载歌载舞。这些仪式过后，祝寿便进入到大家欢宴阶段。前来祝寿的亲朋好友，大伙儿边吃边喝，唱歌跳舞，至兴尽方归。

九、壮族三月三

节日由来

农历三月三歌圩（音须）是壮族人民的重大节日，这天也是汉族的上巳节。三月三歌圩被视为壮族的歌节。壮族每年有数次定期的民歌集会，如正月十五、三月三、四月八、八月十五等，其中以三月三为最隆重。

歌圩，壮语是"窝坡""窝墩"，即"郊游"的意思，并不是唱歌。但由于三月三歌圩这个节日，主要以相互酬唱、彼此对歌为主，而且每场都会聚集千人以上，俨然集市，故称歌圩。

歌圩的历史很难考证。北宋乐史著的《太平寰宇记》记载："壮人于谷熟之际，择日祭神，男女盛会作歌。"这说明歌圩在北宋时就很兴盛。宋元以后，壮族山歌的发展尤为突出，歌圩日也成了文化娱乐和青年男女谈情说爱的时间，并出现了抛绣球的游戏。女子将绣球抛给自己心爱的男子后，双双退出歌场，互赠定情信物，到了清代，便形成了成千上万人参加的大型活动。据1934年编的《广西各县概况》记载，当时广西有歌圩活动的就有26个县，几乎遍布广西各地。

关于歌圩节的来历，壮族民间有许多优美动人的传说。

一说，古代有一对情人，都是有名的歌手，经常唱山歌来表达相互的爱慕之情。但由于封建礼教的束缚，使他俩不能结为夫妻，于是他们绝望地双双殉情身亡。人们为了纪念这对情侣，遂在三月初三唱歌致哀。

二说，在唐代，壮族出了一位歌仙，名叫"刘三姐"。她聪明过人，经常用山歌歌颂劳动和爱情，揭露财主们的罪恶，财主们对她又恨又怕，因此一年的三月初三，乘刘三姐在山上砍柴时，财主派人砍断了山藤，使她坠崖身亡。后人为了纪念这位歌仙，便在刘三姐遇难这天聚会唱歌，一唱就是三天三夜，歌圩就此形成。

三说，很久以前，有位壮族老歌手的女儿长得十分美丽，歌声非常动人。老人希望挑选一位歌声出众的青年为婿。消息一出，各地青年纷纷赶来，赛歌求婚，从此形成了定期赛歌的歌圩。

每逢歌圩之日，宁静的壮乡山村顿时沸腾起来，一般要连续活动三到五天。

节日习俗

节日期间，壮族同胞会在固定地点举行歌圩，但形式不同。迎客的要搭彩布棚；摆歌台的要"放球""还球"；择偶的要抛绣球。姑娘们搭起五彩棚，等待她们的意中人到来。如果姑娘看中了一个男子，便会向其抛绣球。如果男子也中意她，就会把礼品绑在绣球上，抛还给姑娘。至于"放球""还球"，就是用羽毛制成圆球，用花篮盛着，送到邻村，邀请他们来对歌。

壮族：三月三歌圩

碰红蛋。歌圩中，还有碰鸡蛋的习俗。小伙子手握染红的鸡蛋去碰姑娘手中的蛋，如果姑娘不愿意，就把蛋整个握住，不让对方碰破，小伙子只好快快而去。如果姑娘喜欢这个小伙子，就会露出半边鸡蛋让他碰破，这就意味着她同意交往。于是俩人共吃红鸡蛋，确定情谊。

五色饭。通过天然植物染料，把糯米染成黑、红、黄、紫等色，加上糯米本身的白色，制成五色饭。壮族五色糯米饭，各地做法风味也不尽相同。有的将泡涨的饭豆或绿豆和五色糯米一起放入蒸笼中蒸熟，将剁好的猪肉馅和切碎的小葱放进热锅里炒熟，再加入适量盐、料酒、酱油、味精等，接着将蒸熟的五色糯米饭和饭豆、绿豆倒入锅内一起拌匀。这样的糯米饭，味道清香，别有一番风味。有的把糯米饭蒸好后，将花生、芝麻炒熟炒香放到臼中舂碎，再把花生、芝麻碎末撒入五色饭中拌匀，这样的五色糯饭吃起来香味浓郁。还有的把五色糯米盛入新鲜竹筒中，再把竹筒放在篝火上慢慢烘烤，随着竹筒噼里啪啦地裂开，一阵阵香气四溢，那股特有的竹筒清香，更令人垂涎欲滴。歌圩时，姑娘们会拿出自己精心准备的五色饭，如果谁的饭最先被吃光，就证明这位姑娘最受青睐。

十、维族古尔邦

节日由来

维吾尔族信奉伊斯兰教，维吾尔族人民最隆重的节日是古尔邦节。古尔邦节，也称宰牲节，同开斋节、圣纪节并称为伊斯兰教三大节日。古尔邦节一般在开斋节后70日举行。古尔邦节起源于先知易卜拉欣的传说。

相传，先知易卜拉欣信奉安拉，忠诚无比，他常宰杀牛、羊、骆驼奉献给安拉。不过易卜拉欣老来无子，甚是烦恼，就向安拉祷告，祈求安拉给他个一子半女。他还发誓说，如果让他以爱子做牺牲，他也决不犹豫和惋惜。安拉看其虔诚，决定满足他的愿望。不久，易卜拉欣的妻子怀孕生了一个儿子——伊斯玛仪。伊斯玛仪英俊潇洒、人见人爱。易卜拉欣夫妻二人疼爱至深，渐渐忘记了许给安拉的誓言。当伊斯玛仪长成一个英俊少年时，安拉的考验来了。安拉几次在梦境中默示他履行诺言。不得已，他先向爱子伊斯玛仪说明原委，并带他去麦加城米纳山谷，准备宰爱子以示对安拉忠诚。途中，恶魔易卜劣厮几次出现，教唆伊斯玛仪抗命和逃走，伊斯玛仪拒绝魔鬼的诱惑，愤怒地抓起石块击向恶魔，最后顺从地躺在地上，遵从主命和其父的善举。正当易卜拉欣举刀时，天使吉卜利勒奉安拉之命降临，送来一只黑头羝羊以代替牺牲。安拉默示："易卜拉欣啊！你确已证实那个梦了。我必定要这样报酬行善的人们。这确是明显的考验。"为纪念这一事件和感谢真主，先知穆罕默德继承了这一传统，将其列为朝觐功课礼仪之一。教法规定：凡经济条件宽裕的穆斯林，每年都要奉行宰牲礼仪。朝觐者在12月10日举行宰牲，其他各地的穆斯林则于10—12日宰牲，期限为三天。超逾期限，宰牲无效。穆罕默德在麦加传播伊斯兰教时，真主降示："我确已赐你多福，故你应当为你的主而礼拜，并宰牺牲。"穆罕默德顺主命，效仿易卜拉欣宰牲献祭，于伊斯兰教历二年（633年）12月10日定制会礼，即今古尔邦节，亦名宰牲节。宰牲与朝觐同义，目的为求接近真主。

节日习俗

古尔邦节前，　人们要做各种准备特别是作为"献牲"的牲畜要预

维吾尔族：古尔邦节

先买好。节日的早晨，人们进行沐浴全身的"大净"，然后盛装到清真寺参加聚礼。洗大净，回族穆斯林通常称之为洗"乌苏里"（阿拉伯语），就是用清洁的水洗涤全身，一般在以下几种情况下洗大净：性交、泄精、梦遗，妇女来月经、分娩等。有时候洗过大净以后，虽然没出现以上情况，但如超过七天，须重新洗大净，对此回族群众称作"换个新鲜水"，特别是回族穆斯林出远门旅行，参加婚礼、葬礼或过节等重要活动时，都必须洗大净。

聚礼之后，人们回家的第一件事就是杀牲血祭。至于是宰牛杀羊还是杀鸡杀鹅，由各家根据经济情况自主决定。通常人们把血祭的牲畜宰好，把大块大块的连骨肉炖到锅里之后，男子们才开始互相拜节。妇女们则留在家里炖肉和摆上节日食品，烧茶等，准备迎接客人。

节日的第一天，首先给在近期内发生过丧葬等家难的乡亲拜节，表示慰问，其次是给夫妻双方的长辈拜节，最后，就是给近邻和长者拜节。在这种礼节性的拜节活动中，除了给夫妻双方的老人拜节是夫妻同去之外，其他的拜节活动往往是三五成群，男女分开进行。在维吾尔民间礼俗中，一般是不允许男女混杂的。

拜过长辈之后，才是同辈的亲朋好友之间的拜节。大家除了互相道贺，彼此问候之外，还要共享美味，吹拉弹唱，一起娱乐。维吾尔民间的拜节是维吾尔人增强社会联系，严守礼尚往来这一准则的重要组成部分。

第七章　佛道节日

佛教节日有汉传、藏传、南传三种。汉传佛教节日中有的已经与汉族自身文化融合，比如盂兰盆节、腊八节。这里介绍的佛教典型节日有汉传佛教的浴佛节、藏传佛教的雪顿节、南传佛教的卫塞节。道教的节日有三会日、三元日、五腊日、三清日等，还有玉皇、王母、东岳、文昌等天神的诞辰日等。笔者在这里简要介绍十个主要的佛道节日。

一、汉传浴佛节

节日由来

浴佛节，也称佛诞节，日期是农历四月八日，这一天是佛祖的生日。佛祖释迦牟尼，原名乔达摩·悉达多，生于古印度北部（今尼泊尔蓝毗尼）一个贵族家庭。关于佛祖出生的年份，各派说法不一。汉传佛教认为佛祖生卒年为公元前565—前486年；藏传佛教认为是公元前1041—前961年；南传佛教则认为是公元前624—前544年或公元前623—前543年。尽管佛祖生卒年各教派认识不一，但这并不影响我们欣赏释迦牟尼诞生时的美妙传说。

相传古印度迦毗罗卫国的国王净饭王仁慈和善，善理国政，只可惜多年没有子嗣，净饭王夫妇都非常着急。有一天，他的摩耶夫人梦见有四个守护天使来到，把她连床提起，带到喜马拉雅山。这四个天使的妻子们又把她带到阿诺达蒂湖，为她沐浴，以除去所有人间的污垢。湖的不远处便是银山，其中有一座金色的大宅。天使在宅内铺好一张圣床，床头向东，扶她躺在床上。这时，一头壮硕的白象爬上银山，绕着摩耶夫人的床走行三次，进入了她的腹内。于是，摩耶夫人怀了孕。

摩耶夫人把这件事奏告她的国王丈夫净饭王。净饭王于是召集了64名显赫的婆罗门教僧侣，赐衣食给他们，请他们解释这梦。他们的回答是："王上不必忧虑！你将会有一个儿子。他如果继续在家里生活，就会成为转轮圣王；但如果他厌世出家，就会成为佛陀，驱散罪孽的云雾和这个世界的愚昧。"

当时的印度有一习俗，女子要回娘家待产。摩耶夫人在回娘家途中，经过蓝毗尼园婆罗树下时，心中异常欢快。突然，她感觉腹痛，随后太子降生。小太子生下来就会走路，双脚各踩一朵莲花，一手指天，一手指地，说："天上地下，唯我独尊。"这一天适逢中国农历四月初八，即为佛诞日。

每年佛诞日，各地佛教信徒均云集庙内，参加浴佛。佛殿上，供奉着释迦牟尼佛像，寺中僧众按顺序用小铜勺盛满香汤浴灌佛像。在此前后还举行相关的法会，称为"浴佛节"。

节日习俗

浴佛节虽然是宗教节日，但已与中国传统文化有机结合。节日期间，宗教活动浴佛、斋会已经同民间传统的放生、求子结合在一起。

浴佛。浴佛一般在寺庙大殿举行，殿中作方坛，敷妙座，座上置金盆。同时备香汤和汤勺。浴佛分四步。第一步，恭请佛像。僧众分列大殿东西两端，磬声过后，所有人向上顶礼三拜后，六人出班恭迎佛像。佛像从经楼迎到大殿，主法僧上香、三拜，僧众一起唱赞。第二步，金盆沐浴。钟鼓齐鸣声中，主法僧将佛像安坐在金盆中，上香、九拜。之后，主法僧持汤勺取香汤，次第灌浴佛身，再用净水淋洗。随后僧众逐一浴佛，并取洗佛像净水，倒在自己头上，祈求佛祖保佑。第三步，祝圣绕佛。磬声响起，主法

佛教：浴佛节

僧顶礼三拜，恭读颂词。然后率众绕佛念经。第四步，回向皈依。回向，指将所修来的功德施舍给某地。绕佛后，僧众归位，先念《回向文》，次念《三皈依》，浴佛结束，磬声四起。

浴佛节这天，僧众一般要洗浴庆祝。

斋会。也称吃斋会、善会。一般在浴佛节当天，由寺庙中僧人召集信众赴会，主要活动是吃斋饭、念佛经。

结缘。在浴佛节中还有一种结缘活动。它是以施舍的形式，祈求结来世之缘。民间有舍豆结缘的习俗，寺院、宫廷也不例外。宫中要

煮青豆，分赐宫女内监及内廷大臣，称作"吃缘豆"。

放生。佛教主张不杀生，在浴佛节期间还有放生习俗。放生起源较早，宋代已有记载。古代有承美放生传说。古时候，有一名孝子名叫林承美。在他年幼时，父亲因病去世，母亲独自一人将其抚养成人。长大后，林承美每每想起父母亲的恩德，就惴惴不安，深恐无暇报恩，常常日夜哭泣。有一位禅师看到承美的痛苦，就对他说："孝子思念亲恩，与其痛哭，不如想法回报。你要报恩，只有斋戒放生，广积阴德，才是孝道的真谛。"承美听了，顿觉醍醐灌顶，茅塞顿开。从此以后，立志戒杀放生，广修救人济世的善事。

求子。四月八日这天，不育妇女多去拜观音菩萨求子。观音菩萨与生子并无必然联系，只不过由于其慈悲救济众生的本愿、其循声拯救众生的态度，使信众认为观音菩萨有求必应。

二、南传卫塞节

节日由来

卫塞节是南传佛教纪念佛教创始人释迦牟尼佛祖诞生、成道、涅槃的节日，时间是每年五月的月圆之日。东南亚和南亚国家斯里兰卡、泰国、缅甸、新加坡、马来西亚、印度尼西亚、尼泊尔等国佛教徒均庆祝这个节日。

为什么要在同一日纪念佛祖三大节日呢？原来南传佛教认为，佛祖在5月的月圆日出生，35年后又在5月的菩提树下悟道，涅槃时也是在5月的月圆日。三者虽非同日，但均在5月、均是月圆日。于是，后世的佛教徒，定下在每年5月的第一个月圆日，庆祝卫塞节。卫塞，梵语的意思就是"月圆"。

佛教：卫塞节

1950年，世界佛教联谊会在斯里兰卡举行第一届大会，决定将"卫塞节"定为各国佛教徒的公共假期。1954年，在缅甸举行的世界佛教联谊会上，决定将"卫塞节"定为"世界佛陀日"。

1999年，联合国第54次大会确认卫塞节的国际地位，决定在无须联合国承担费用的前提下，与有关联合国办事处及希望提供意见的常驻代表团协商，作出适当安排，在联合国总部和其他联合国办事处举行纪念卫塞节的国际活动。

节日习俗

每年卫塞节，联合国都会举行特别纪念活动。2012年5月5日是卫塞节。7日下午6时30分，卫塞节特别纪念活动在联合国大会堂如期举行。这次活动由斯里兰卡常驻联合国代表团主办，阿富汗、孟加拉国、不丹、柬埔寨、中国、印度、印度尼西亚、日本、老挝、马来西亚、蒙古、缅甸、尼泊尔、巴基斯坦、菲律宾、韩国、俄罗斯、泰国和越南等国常驻联合国代表团协办。

各国庆祝卫塞节时，都会举行盛大的活动。娱乐场所须停业一周，群众要到寺院持八戒斋。在寺院、信众的住宅外、街道上都装饰佛旗、佛像、灯笼。并在主要道路的街角，设置绘有佛陀本生故事的灯塔。此外，还有大象游行队伍。街道两边和寺院还要为参拜者或贫民设置布施所，施舍饮食的同时，还要举办佛教展会。

三、藏传雪顿节

节日由来

雪顿节是藏传佛教地区非常重要的节日，一般在藏历每年6月举行。什么是雪顿呢？藏语中，雪指"酸奶"，顿是"宴会"，雪顿就是"吃酸奶的宴会"。雪顿节最早起源于西藏哲蚌寺。

哲蚌寺是藏传佛教格鲁派的寺庙，也是世界上最大的寺庙。它位于拉萨西郊10公里的根培乌山上，是黄教最重要的寺庙。该寺于1416年开始兴建，二、三、四、五世达赖均在此坐床，是众达赖的母寺。五世达赖阿旺罗桑嘉措登上法王宝座后，哲蚌寺成为西藏政治宗教文化中心。每年藏历六月三十日，是僧众"雅勒"结束的日子。"雅勒"，是指僧众在"夏日安居"，格鲁派戒律规定僧众在藏历4—6月间，只能留在寺内诵经静修，不能出门以免杀生。"雅勒"结束这一天，成千上万的信众会涌至哲蚌寺，为五世达赖和僧众献上酸奶，请求摸顶祝福，祈祷长寿，死后不下地狱的加持。附近的藏戏团、野牦牛演出队也赶来慰问演出，从此，便形成一个固定的节日——雪顿节。

节日习俗

五世达赖从哲蚌寺移居布达拉宫后，雪顿节活动也移到布达拉宫的"空中戏台"德央厦举行。每年六月三十日的雪顿节，一般先在哲蚌寺内进行藏戏会演，第二天移师布达拉宫为达赖演出。七世达赖晚年，身患多种疾病，医师们建议他到西郊罗布林卡（宝贝园林）洗浴，用流水养身。从藏历水鸡年（1753年）到1757年圆寂，他每年夏天几乎都在罗布林卡度过。八世达赖强白嘉措时期，罗布林卡里修建了格桑颇章宫，这里逐渐成了达赖夏宫。如今，雪顿节的主会场在罗布林卡内，节目主要有藏戏表演和晒佛活动。

藏戏表演。藏戏是藏族戏剧的统称，它起源于600多年前，拥有众多艺术种类和流派。被称为西藏文化的"活化石"。技法主要有唱、诵、舞、表、白等。藏戏唱腔高亢浑厚，演出内容多是佛教神话故事。主要剧目有《文成公主》、《诺桑法王》等。

佛教：雪顿节

晒佛绣像。哲蚌寺晒佛是雪顿节最令人瞩目的仪式。所谓晒佛，就是展示佛祖释迦牟尼像（唐卡）。哲蚌寺的佛像面积达500平方米，用五彩丝绸织就。节日当天晨8时，众僧将巨幅佛祖唐卡扛至晒佛台。观礼的人们纷纷向唐卡扔出手中的哈达，祈求祝福。

四、道教三清日

节日由来

三清，即玉清之主元始天尊、上清之主灵宝天尊、太清之主道德天尊（老子），他们是道教最高神。在北京白云观、苏州玄妙观等著名道观，都有"三清殿"，殿中恭立三清尊神坐像。正中是元始天尊，左侧是灵宝天尊，右侧是道德天尊。

元始天尊是道教第一神。每年正月初一，是元始天尊的圣诞日。相传，盘古开天辟地后，神的躯壳已经褪去，但灵性尚存，飞翔在空中寻找归宿。盘古忽然看到美貌的太元圣女，立即喜爱上她的贞洁。于是，盘古乘太元圣女仰天呼吸之际，变身化作一道青光投入其口。不久，盘古从太元圣女的脊骨之间生出。盘古告诉圣女："我的前身是盘古，现在的称号是元始。"圣女问："什么是元始？"元始天尊回答："元的意思是本。始的意思是最初、先天的气息。这气息化为开天辟地的人就是盘古；化为主持天界宇宙的始祖就是元始。"按照道教的说法，元始天尊就是创世主，他超度的都是太上老君这样的高级神仙。

灵宝天尊是道教第二神。每年夏至，是灵宝天尊的圣诞日。灵宝天尊，又称太上道君。相传，在宇宙未形成之前，灵宝天尊还是混沌状态所生的"玉晨之精气，九庆之紫烟"。后凝苞为元神，托胎母氏。元母怀胎三千七百年诞生了灵宝天尊，住在上清境的玄都玉京仙府。他有侍卫金童、玉女各30万人，万神朝拜，超度之人不计其数。他对于好学善问之人，从不吝赐教。他有三十六变、七十二化，人们随时随地都可以看到他。这点和佛教的观音菩萨很像，但其影响力远不如观音。他与观音菩萨相同的是都普度众生。

道德天尊是道教第三神。每年二月十五日，是道德天尊的圣诞日，也称真元节。道德天尊，就是人们常说的太上老君——老子。众所周知，老子是中国春秋时期伟大的哲学家，是道家思想的鼻祖，他的《道德经》更被道教视为"圣经"。道家思想和道教虽然都有个"道"字，但前者是哲学派别，后者是宗教派别。再者，老子的生卒年大约在周朝中后期，而道教（五斗米道）则创立于汉顺帝时期，两者相距近600年。那么道教是如何与老子扯上关系的呢？这要归"功"于张陵。张陵，即张道陵，是五斗米道的创始人，也是道教的"祖天师"。张陵初创五斗米道时，面临两大困难：一是佛教的竞争；二是自己默默无名，难以推广。于是，他想到了老子。对他而言，老子有三个优势：一是老子知名度高；二是老子成名比佛祖早；三是老子有现成的经书《道德经》。就这样，张陵自称其道法是老子在阳平山上亲自传授给他的。后来他又用老子传授给他的秘籍，在鹤鸣山上炼丹修道，创立了五斗米道。老子也就成了道教的鼻祖。

既然太上老君——老子是道教的鼻祖，为什么他仅是道教位居第三的神呢？道教创立时，佛教在中国传播不久。佛教有三世佛之说，即前世燃灯佛、现世释迦牟尼佛、未来弥勒佛。而道教只有老子一人，竞争之下显得势单力孤，于是后世道教传播者创造出来元始天尊和灵宝天尊。他们"一气化三清"，将元始天尊与盘古结合在一起，使其成为道教第一神，让其普度众仙，让灵宝天尊普度众生，这样太上老君老子就只能屈居道教第三神了。

节日习俗

以真元节为例，据清人潘荣陛所著《帝京岁时纪胜·道诞》记载："（二月）十五日为太上玄元皇帝诞辰，禁止屠割。太清观各道院立坛设醮，谈演道德宝章。"

道教：太上老君

立坛设醮。每遇圣诞日，道观内会按斋醮科仪，于前一夜止静后祝寿，正日早课后举行庆贺仪式。止静，是道教术语，即停止一天的活动开始休息。止静时须击鼓，这种方式和军队里的熄灯号很像。止静先击大鼓，大鼓交大钟，大钟交报钟。大鼓的打法是先慢后紧，先起三清，咚咚—咚咚咚—咚（默念"雷声普化天尊"）磕（磕鼓边一声）再咚咚—咚咚咚—咚，磕磕；再咚咚—咚咚咚—咚，磕—磕磕—磕。然后击长阵鼓，由慢变快，头阵完，磕一声鼓边；再由慢变快，二阵鼓完，磕鼓边两声；再由慢变快，三阵鼓完，磕鼓边四声。止静和开静相对，开静是指早起开始一天的修行。开静要击钟，先击报钟，报钟交大钟，大钟交大鼓，类似军队里的起床号。道教常说的"晨钟暮鼓"指的就是开静止静的钟鼓声。

祝寿礼仪。以太上老君为例，道德天尊圣诞日前夜，负责主持科仪的引请大师高功先击大鼓，经师、道众上殿，按位站立。引请大师高功击二鼓，众人在负责陈奏表文的表白道士"班齐就位"声中，转身面向祖师像。引请大师高功击三鼓。鼓毕，负责诵经忏悔的提科大师朗声道："今值天运某某年某月某究日，恭逢道德天尊圣寿大吉良晨之期"；表白接喊："祝寿太清胜境火赤天宫一切高真"；提科接喊："各秉丹诚"；表白接喊："三利九叩"。引请大师高功击大鼓交殿主击大磬三声，提科击引磬引利三叩，殿主再击大磬三声，再引三礼，再击三磬，再引三礼。毕。提科云："祝寿已毕"，表白接云："圆揖退班"。殿主击半锤大筹。下殿。祝寿仪式结束。

庆贺仪式。庆贺仪式与祝寿仪式基本相同，祝词中的"祝寿"改为"庆贺"即可。

五、道教三元节

节日由来

三元节，即上元节、中元节、下元节，是道教三官大帝的诞辰日。所谓三官大帝，就是天、地、水三官。天官紫微大帝主赐福，诞生于正月十五日，即元宵节；地官清虚大帝主赦罪，诞生于七月十五日；水官洞阴大帝主解厄，诞生于十月十五日。那么，三官大帝是从何而来呢？

有关三官大帝的说法很多，最流行的就是陈氏三兄弟说法。相传美男子陈子寿文武俱能，风度翩翩，引得无数女子爱慕。龙王爷的三个女儿自愿嫁给陈子寿，并分别为其生一子。老大是正月十五出生，元始天尊封他为上元一品九气天官赐福紫微大帝；老二是七月十五生日，封为中元二品七气地官赦罪清虚大帝；老三是十月十五生的，封为下元三品五气水官解厄洞阴大帝。

三官大帝的扬名要归功于五斗米教。东汉早期，张道陵创立了自己的教派，因入道需交五斗米，故得名"五斗米教"。五斗米教为人请祷时，需将请祷人姓名等情况写在三张纸上。一张要送到山上，一张要埋于地下，一张要沉入水中，分别请祷于天、地、水三官，故称"三官手书"。五斗米教用"三官手书"为道民祷祝，促进了三官在道教和民众中的影响。严格说来，三官不是什么大的神仙，但由于他们与民众息息相关，所以三官的知名度极高。如今，遍布各地的三官殿、三官庙、三元庵、三官堂就是最好的证明。

道教：鹤鸣山

节日习俗

元宵节和中元节前面章节里已经介绍过了，这里主要说说下元节的习俗。下元节期间，道观要做道场，为信众解厄；民间要祭祀亡灵。

做道场。下元节当天，道观会做道场。所谓道场，就是道士诵经超度亡人，为生者祈福。信众要观祭，并在道观中拜祭下元水官大帝。

送寒衣。此日，人们要为故去的先人上坟填土，并送寒衣。所谓寒衣就是为亡灵做的纸制的衣服。不仅要送寒衣，讲究的人家还要送房子和柜子，当然都是纸制的。如果没有时间上坟，也可以在十字路口为故人送寒衣。不过，现代人重视环保，焚烧已被视为陋习。

六、道教五腊日

节日由来

五腊日，顾名思义，共有五个节日，即天腊日（正月初一）、地腊日（五月初五）、道德腊（七月初七）、民岁腊（十月初一）、王侯腊（十二月初八）。《赤松子章历》卷二记载："此日五帝朝会玄都，统御人间地府五岳四渎三万六千阴阳，校定生人延益之良日也。"意思说在五腊日这天，五帝要在玄都会集，他们不仅统御人间、地府、五岳名山、四渎江河三万六千个阴阳之神，还要校定生人善恶罪福、荣禄寿算、吉凶生死等事。五帝，即东方青帝、南方赤帝、西方白帝、北方黑帝、中央黄帝。

天腊日。正月初一是天腊日，这天是接喜神的日子。喜神是吉祥神，相传喜神原本是虔诚信奉北斗星君的一名女子。当她修道成仙时，北斗星君问其所愿，女子以手掩口，笑而不答。北斗星君错会其意，以为她要胡须，就赐给她长髯。因为她笑起来非常喜庆，故封喜神。喜神没有专门的庙宇和具体的形象。

地腊日。五月初五是地腊日，这天是汉族的端午节。道教《八道秘言》称五月五日为"地腊日"。道教认为五月是凶月，认为"五月五日生子，男害父，女害母"。每到端午节，道教信众都要举行道场，驱鬼祈福。

道德腊日。七月初七是道德腊日，这天是汉族的七夕节，道教的魁星诞辰日。魁星，即北斗一星宿名。福建东部读书人认为"魁星主文事"，每年这天都要拜魁星。

民岁腊日。十月初一是民岁腊。早在周朝时，农历十月初一是腊祭日，这天要举行隆重的祭祀活动。《礼记·月令》中描述了周代腊祭的情形：以猎物为祭品，天子在社坛上祭祀日月星辰众神，在门闾内祭祀五代祖先，同时慰劳农人，颁布新的作息制度。后来，历法改制，人们逐渐把十月初一当作祭祀祖先的节日，并附会许多传说故事，如"孟姜女送寒衣"和"蔡莫烧纸"等，在民间广为流传。故民岁腊日又称"寒衣节"。

王侯腊。"腊"指的是一年的最后一个月，特别是指十二月初八。这一天家家设筵吃大肉和腊鱼，祭祀祖先和保护神。腊和古代的一种年终祭祀"蜡"有关，二者有时难以分清。"蜡"是众神聚会的节日，户户也要设筵和祭祀众神。

道教：喜神

节日习俗

天腊日，五帝在此日会审核定夺凡人的身体状况、寿命长短。天腊日适合向上天祈求增加寿禄、怀孕生子、祭祀先人。当天忌行房事、游山沟。宜吟诗歌唱，引导神气。

地腊日，五帝在此日会审核定夺凡人的官职爵位、后嗣繁衍。五帝此举对外滋养万物，对内延长寿命，他们还记录长生者的名字。当天宜谢罪、请求升迁、祭祀祖宗、服气养生。忌伐树木、吃生食。

道德腊日，五帝在此日审核定夺凡人的骨骼体质健康、学业文化、命名官位、给人好处。当天宜谢罪、请福、养生、沐浴、祭祀先人。忌伐树、碎石、吃酸咸食物、乘车骑马。道德腊日适合调理身体、运动健身。

民岁腊日，五帝在此日审核定夺凡人寿禄、官运、爵位、疾病轻重。当天宜谢罪、求添寿、祭祀先人、洗祖宗牌位。忌吃得过饱、醉酒昏睡。民岁腊日适合行道礼拜，在庭院花坛四处走动。

王侯腊日，十二月初八日是王侯腊日。五帝在此日审核定夺凡人住所、薪水，用星宿占卜三万六千神仙。当天宜谢罪、祈求延年益寿、安定百神、沐浴、祭祀先人、大祭天官大帝，求愿如愿，求道得道。王侯腊日忌宴会饮酒作乐。适合在清静的山林中有庭院花坛的地方散步，行道念《三魂七魄》。腊日不得经营世俗之事。

七、玉皇大帝诞

节日由来

玉皇大帝，也称昊天上帝，全名是昊天金阙无上至尊自然妙有弥罗至真玉皇上帝，诞生在正月初九。这个几乎每个中国人都知道的天神，民间对他的称谓颇多，有玉皇、玉帝、苍天、老天爷等。道教的《玉皇经》记载了他的来历。

远古时期，有个严妙乐国。国王和王后年老无嗣，非常着急，日夜祈祷。有一天夜里，王后梦见灵宝天尊太上道君驾五色龙车来到王宫。太上道君怀抱一个男婴，奇怪的是男婴身上毛孔放射出千百道红色光芒，把整个宫殿照得红艳明亮。王后看到男婴，非常喜欢，便跪地乞求太上道君："我们虽为一国之君，但年近半百，尚无子嗣。请把这个孩子给我们吧，他将成为未来的国王。"太上道君爽快回答："我原本就是特意来给你们送子的。"说完，把孩子交到王后手里，转眼便不见了。王后梦醒后，发觉自己已经怀有身孕。一年后，丙午年正月九日午时生下王子。王子童年时就非常聪慧，异于常人。长大后，性情仁慈，为民所爱。国王去世后，王子即位。他不恋王位，反而去山中修道，行医治病，拯救众生。就这样修道3200年后，王子化为金仙，号清净自然觉王如来。他的工作是教诲众神仙菩萨领悟大乘正宗道法。一亿年后，金仙化为玉帝。

玉帝位列四御之首。道教诸神中，三清为最高神，三清之下，就是四御。四御，是道教中实际负责管理宇宙万象的四位最高神仙。他们是：掌管万神天道的玉皇大帝；掌管经纬自然的紫微大帝；掌管万灵战争的天皇大帝；掌管大地万物的后土娘娘。到了宋真宗年间，由

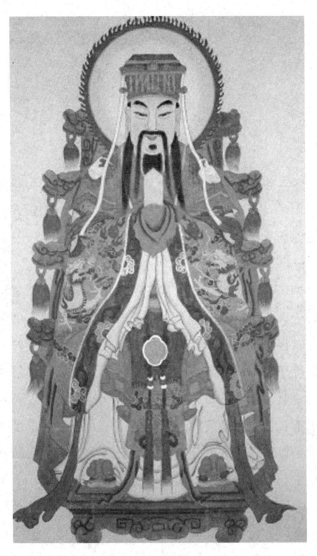

道教：玉皇大帝

于其大力崇道，赐玉帝圣号。宋徽宗年间更是将玉皇大帝和昊天大帝合二为一，封尊号为昊天金阙至尊玉皇上帝。及至元、明、清三朝，玉皇大帝逐渐取代三清，成为道教中地位最高、影响最大的神。在道观中，玉帝地位的上升表现在神像的排位上。北京白云观中四御殿，玉帝神像设在大殿正中，一旁为北极大帝、天皇大帝；另一边为后土娘娘和南极大帝。

玉帝自享独立宫殿。明清之际，玉帝的地位更加尊崇。在台湾台南市有一座开基玉皇宫，主要奉祀玉皇大帝及玉皇四太子殿下和玉皇三公主娘娘。开基玉皇宫始建于1670年。在今天的苏州工业园区，有一座玉皇宫，里面有玉皇殿奉祀玉皇大帝，左右供奉太乙救苦天尊和雷声普化天尊，两侧供奉十二本命护法神。北京白云观中的玉皇殿，殿中奉祀玉皇大帝，两旁供奉南斗六星、北斗七星、三十六帅、二十八宿及四大天师。

节日习俗

每年正月初九玉皇大帝圣诞日，道观内都要举行盛大的祝寿道场。道教祝寿程序前面已经讲过，这里不再重复。其他的习俗有：

望空叩拜。家家户户于此日都要望空叩拜，举行最隆重的祭仪。此日待人处世皆讲求和气，不可冒犯天神。许多道教观都举行庆祝会以表达对玉皇大帝的感恩，尤其是福建人更重视玉皇大帝圣诞这个日子。古时候，福建先人为避追杀，在新春期间躲进甘蔗园里避难，脱离险境。故后人在玉皇大帝圣诞时还特别用甘蔗来祭拜；有的还请法师来做法事以祈求玉皇大帝赐福。拜玉皇大帝的祭典，自初九的凌晨开始，一直到天亮为止。

斋戒沐浴。在玉皇大帝圣诞前夕，全家人必须斋戒沐浴，以庄严敬畏的心情举行祭拜，家家户户都在正厅前面，放置八仙桌，搭起祭坛，供桌上备神灯、五果（柑、橘、苹果、香蕉、甘蔗）、六斋（金针、木耳、香菇、菜心、豌豆、豆腐等），并面线塔，另设清茶三杯，还有甜粿、社龟。到了时辰，全家整肃衣冠，按尊卑挨次上香，行三跪九叩礼，然后烧天公金。

八、王母娘娘诞

节日由来

王母娘娘，官名西王母，道教神名瑶池金母元君、九灵太妙龟山西华金母，诞生于三月初三日。西王母从何而来，众说不一。

葛洪说。东晋丹阳人葛洪，笃信道教，精通炼丹术，自号抱朴子。他有一本对后世道教影响非常大的著作——《枕中书》。在书中，葛洪说西王母是元始天尊和太元圣母的女儿，名叫九光玄女，号为太真西王母。西王母在道教阴阳学说中代表"阴"，而且她是"始阴之气，治西方"。

部落说。《尔雅·释名》记载："觚（音孤）竹、北户、西王母、日下，谓之四荒。"远古，觚竹在北；北户列南；西王母居西；日下位东。西王母只是西方的一个原始部落。这里的西方指的是昆仑山。传说中的昆仑山高2500公里，山上有瑶池。周穆王曾经访问过西王母部落，被山中美景迷住，乐而忘归。不过，《山海经》认为西王母住在玉山，《穆天子传》说西王母在崦嵫（音烟兹）山，可谓众说纷纭。

首领说。到了明代，有学者认为西王母就是一位外国的国王。清代纪晓岚也认可这个说法："所谓西王母者，不过西方一国君。"这里的国君、国王，其实就是原始部落的首领。

怪神说。《山海经》里，把西王母描绘成半人半兽的神仙，"西王母其状如人，豹尾，虎齿，而善啸，蓬头戴胜，是司天之厉及五残"，意思是说西王母模样像人，有条豹子尾巴，老虎的牙齿，善于发出啸声，蓬头上戴着花饰，主宰瘟疫、疾病、死亡、刑杀之职。

以上是西王母的来历。

说到西王母、王母娘娘，人们立刻会想到玉帝和蟠桃。传说，玉帝是王母娘娘的老公，王母娘娘最爱的食物是蟠桃。

其实，玉帝和王母娘娘是兄妹关系。葛洪在《枕中书》中说元始天王和太元圣母生下"天皇十三头，治三万六千岁，书为扶桑大帝东王公，号曰元阳父"，"又生九光玄女，号曰太真西王母，是西汉夫人"。这里，玉皇大帝和西王母是一奶同胞的兄妹。后世的民间传说和

道教：王母娘娘

小说进一步演绎，玉皇大帝和王母娘娘就成了夫妻，还生有七仙女。最小的女婿是董永。不过，《枕中书》又何尝不是"神话"？玉帝和王母娘娘本来就是杜撰的神仙，我们又何必较真他们之间的关系呢？

说起王母娘娘就一定要提起蟠桃会。每年三月初三是王母娘娘的生日，这天，天宫都要举行蟠桃会。《西游记》里，王母娘娘邀请了天界众仙，偏偏没有邀请孙悟空，才引出大闹蟠桃会的故事。如今，很多地方依然在三月三这天举办庙会，甚至是蟠桃会，纪念王母娘娘诞辰。

节日习俗

庙会。河北省平山县西北有个王母村，相传王母娘娘就出生在这里。王母娘娘本姓桑，自幼父母双亡，受尽兄嫂虐待。她白天放牛，夜里织布，过得十分辛苦。一天傍晚，桑女放牛回家的路上，突然晕倒在地，昏了过去。老牛看在眼里，非常着急，用尽方法，都未将桑女唤醒。这时，一位天神路过，看到这个场面，就在桑女脸上轻吹一口气。桑女苏醒过来，老牛在一旁非常高兴。神仙问明情况，决定帮助受苦的桑女和善良的老牛，就把她们带到了天宫。后来，老牛被封为金牛星，桑女嫁给玉帝，尊为王母娘娘。后来，汉武帝刘彻还命人在桑女的出生地筑高台建王母祠，于是这个村子就改名为王母村。

人们为了祈祷王母娘娘不忘故里，给人间降福，每年农历三月二日至三月六日进香烧纸，搭台唱戏，形成了王母村的三月三庙会。庙会吸引来自附近平山、灵寿、井陉三县的上百个村庄人民，每日客流量在万人以上，是方圆百十里较大的庙会。

甘肃泾川县有王母宫，建于968年。每逢庙会，泾川城区居民全家出动，乡下农民成群结队涌向县城；豫、晋、陕、甘、宁各地客商和西王母信众慕名参会。当日，回山上下人山人海，蔚为壮观，最多时达到10多万人。近年来，每届西王母庙会都有美国、英国、日本等国家的民俗研究者考察、采风，海内外华人，尤其是台湾同胞组成的声势浩大的西王母朝圣团前来朝圣。庙会庆典活动主要有取水、法会、放河灯、演秦腔、唱小曲、舞神鞭以及剪纸、刺绣、小吃等展销。2009年，历经千年而不衰的西王母庙会信俗被列入国家级非物质文化遗产名录。

九、邱处机诞辰

节日由来

每年正月十九日，全真教都要为邱处机贺寿，人们把这天称为燕九节。邱处机，山东栖霞人，后为避讳孔子名讳，改名为邱处机。邱处机出身贫寒，父母早逝，由兄嫂照顾成人。他博闻强记，聪颖过人，不求功名，偏爱读书，崇尚道学。他生有异相，脚底有龟文。相士见后，直言其日后可以成为帝王的老师。适逢全真道祖师王重阳来山东传道，邱处机就拜其为师，成为全真七子之一。自此正式踏入道教之门，道号长春子。

磻溪修行，创龙门派。王重阳去世后，全真七子四散各地传道，邱处机来到了磻溪。磻溪，现在是磻溪镇，位于陕西省宝鸡市东南。相传姜太公钓鱼即在此地。邱处机在磻溪一住就是六年，每日只吃一餐，出门就穿一件蓑衣，当地人称他为"蓑衣先生"。据说，六年里，邱处机从不睡觉，因为全真道提倡驱散睡魔来修行。邱处机的名气越来越大，很多人远道前来问道。六年后，邱处机离开磻溪，来到陇州龙门，即陕西陇县龙门山。在这里，他又潜修了六年，并创立全真教龙门派，成为全真教名气最大的一个门派。

道教：邱真人

　　之后，邱处机应金世宗完颜雍的召唤，前往北京，为其主持"万春节"醮事，自此声名远播。元代，邱处机赴太祖成吉思汗之邀与其在雪山相会，并向其进言"敬天爱民"。成吉思汗赞赏他的道行，口封邱处机为"神仙"，并下令"止杀"汉人。

　　1224年，邱处机回到燕京，奉元太祖旨掌管天下道教。正式确立了邱处机在道教的地位。

节日习俗

燕九节，也称宴九、宴邱。宴邱叫白了，就成为"燕九"了。旧时的北京，要在节日期间举办庙会。元代时，正月初一至十九，都是燕九节。一般，初一开庙，初八祭星，游人开始出门逛庙会。到了十八、十九两日，庙会就游人如织了。

传说这天邱处机邱真人会现身。《帝京景物略》记载："相传是日，真人必来。"不过，真人并非以本身出现，而是化身为乡绅、游客、女郎、乞丐。道士们结伴环坐在松下，期盼与邱真人一遇。

邱处机故里栖霞也会举行庙会。栖霞有滨都宫，那里的庙会和北京白云观的一样热闹。滨都宫所在的平山脚下，有一口"长春仙井"。据说喝了此井的水，可祛病长寿，所以每逢"燕九节"，来喝仙井水的人，总是络绎不绝。滨都宫山门两侧，有一对大石狮子，"燕九节"当天，儿童们从几十里外，由父母带来，摸摸狮子，据说可保生长顺利，长大成才。

第八章 中国纪念日

一、国事与纪念

二七纪念日（2月7日）

总工会成立。1923年2月1日清晨，上千名京汉铁路各站区铁路代表和郑州铁路工人抬着各地赠送的匾额列队向郑州普乐园戏院进发，准备参加京汉铁路总工会成立大会。沿途军警荷枪实弹，关卡层层，妄图阻止大会的召开。双方相持数小时，工人代表不顾敌人刺刀、棍棒的威胁，冲破反动军警的阻拦，进入普乐园戏院。京汉铁路总工会秘书李震瀛登上讲台，高声宣布京汉铁路总工会成立了。这时，军警已层层包围了会场，会议代表很快被驱散，各地工会赠送的匾额被捣毁。旅馆、饭馆、总工会办公的地方等到处都住满了军警。他们逼迫工人离开郑州，工人代表的安全受到严重威胁。工会遂决定于2月4日举行总罢工。

从2月4日上午9时起，仅用三个小时就实现了全路数万名工人全部罢工，提出"为自由而战，为人权而战"的口号。所有客车、货车、军车一律停驶，京汉铁路立即瘫痪。

2月7日，直系军阀首领吴佩孚命令其部下萧耀南等人对郑州、江

二七纪念塔

岸、长辛店等地的工人进行血腥镇压。京汉铁路总工会江岸分会委员长共产党员林祥谦、湖北工团联合会和京汉铁路总工会法律顾问共产党员施洋等数十人惨遭杀害，千余工人被开除，造成"二七惨案"。

罢工直到2月9日才结束。这是中国工人第一次有组织地从经济斗争转到政治斗争的伟大运动。为了纪念1923年2月京汉铁路工人大罢工，中华人民共和国成立后，每年都在2月7日举行各种纪念活动。

五卅纪念日（5月30日）

1925年1月，中国共产党的四大提出了无产阶级在民主革命中的领导权问题，决定加强党对工农群众运动的领导。四大以后，工人运动迅速复苏和发展。

上海工人罢工。1925年2月起，上海22家日商纱厂近4万名工人为反对日本资本家打人、无理开除工人、要求增加工资而先后举行罢工。中共中央成立委员会，专门领导此次罢工。5月15日，上海内外棉七厂的日本资本家枪杀工人代表、共产党员顾正红，打伤工人10多人。日本帝国主义的暴行，激起上海工人、学生和广大民众的极大愤怒。第二天，中共中央发出第32号通告，紧急要求各地党组织号召工会等社会团体一致援助上海工人的罢工斗争。19日，中共中央又发出第33号通告，决定在全国范围发动一场反日大运动。28日，中共中央召开紧急会议，决定以"反对帝国主义屠杀中国工人"为中心口号，发动群众于30日在上海租界举行反对帝国主义的游行示威。同时，为

五卅运动

加强工会组织的力量，决定由共产党人李立三、刘华等主持，成立上海总工会。随后，刘少奇到达上海，加入上海总工会的领导工作。

五卅惨案。5月30日，上海工人和学生在租界的繁华马路，进行宣传讲演和示威游行，租界的英国巡捕在南京路上先后逮捕100多人，并突然向密集的游行群众开枪射击，当场打死13人，伤数十人，制造了震惊全国的五卅惨案。

当天深夜，中共中央再次召开紧急会议，决定由瞿秋白、蔡和森、李立三、刘少奇和刘华等组成行动委员会，具体领导这次斗争，组织全上海民众罢工、罢市、罢课，抗议帝国主义屠杀中国人民。

新中国成立后，5月30日被定为五卅反帝爱国运动纪念日。

香港回归纪念日（7月1日）

1997年7月1日，时任中华人民共和国主席的江泽民在香港向全世界郑重宣告：中华人民共和国香港特别行政区政府成立。这一天从此成为香港回归纪念日。

香港，自古就是中国的领土。1842年，第一次鸦片战争失败后，清政府被迫与英国签订中英《南京条约》，屈辱地割让香港，并赔款2100万西班牙银元。1856年，第二次鸦片战争失败。4年后，清政府被迫签署中英《北京条约》，割让了九龙半岛。1898年，英国强迫清政府缔结中英《展拓香港界址专条》，强行租借界限街以北、深圳河以南的大片土地及附近235个岛屿，即"新界"，总面积达975.1平方公里。租期99年，到1997年6月30日期满。

为收回香港，中国政府很早就开始了准备工作。1984年12月19日，中国政府的领导人与英国首相铁娘子撒切尔夫人在北京正式签订《中华人民共和国政府和大不列颠及北爱尔兰联合王国政府关于香港问题的中英联合声明》（下称《联合声明》），当中载明中华人民共和国对香港的基本方针政策。根据"一国两制"的原则，香港特别行政区不会实行社会主义制度和政策，香港原有的资本主义制度和生活方式，保持五十年不变。根据《联合声明》，这些基本方针政策将会于《香港特别行政区基本法》内明文写出，同时规定中华人民共和国政府于1997年7月1日对香港恢复行使主权。

香港回归十周年纪念邮票

1997年7月1日，中华人民共和国香港特别行政区政府成立。1时30分，中华人民共和国香港特别行政区成立暨特区政府宣誓就职仪式，在香港会议展览中心新翼七楼隆重举行。江泽民主席、李鹏总理等中央代表团成员在主席台就座。香港特别行政区首任行政长官董建华第一个宣誓就职，国务院总理李鹏监督。接着，香港特别行政区第一届政府23名主要官员，香港特别行政区第一届行政会议14名成员，香港特别行政区临时立法会59名议员，香港特别行政区终审法院常设法官、高等法院法官36人，分批走上主席台宣誓就职。随后，李鹏总理讲话，代表中央人民政府对香港特别行政区政府的成立表示热烈祝贺，并且宣布：从今天起，《中华人民共和国香港特别行政区基本法》开始实施。香港特别行政区第一任行政长官董建华作题为《追求卓越，共享繁荣》的讲话。

当日下午，国务院在人民大会堂举行庆祝香港回归盛大招待会，党和国家领导人同全国56个民族的代表及首都各界人士共4000多人出席。当日晚，中共中央、全国人大常委会、国务院、全国政协、中央军委在北京工人体育场举行"首都各界庆祝香港回归祖国大会"。江泽民主席在大会上讲话指出："香港回归，标志着中国人民洗雪了香港被侵占的百年国耻，开创了香港和祖国内地共同发展的新纪元；标志着我们在完成祖国统一大业的道路上迈出了重要一步；标志着中国人民为世界和平、发展与进步事业做出了新的贡献。"

香港回归后，特区政府规定每年7月1日为香港回归纪念日，是香港地区的法定假日，假期为一天。

七七抗战纪念日（7月7日）

日本为了发动全面侵华战争，从1937年6月起，连续在北京丰台地区进行军事演习，寻找发动战争的借口。

士兵被失踪。7月7日夜，日本武官松井借口一名日本士兵失踪，要求进入卢沟桥东侧的宛平城内搜查。这一无理要求遭到我国守军的严词拒绝。于是，日军开始炮击宛平城东西两门。

卢沟桥事变。7月8日，日军包围宛平县城，并向卢沟桥中国驻军发起进攻。中国国民革命军第二十九军官兵进行抵抗。排长申仲明亲赴前线，指挥作战，最后牺牲。驻守在卢沟桥北面的一个连仅余四人生还，余者全部殉国。

卢沟桥事变第二天，中国共产党向全国发出通电，号召保卫华北，援助抗日自卫战争，号召组织巩固的民族统一战线，号召国共两党在抵御外侮上亲密合作。蒋介石提出了"不屈服，不扩大""不求

卢沟桥

战，必抗战"的口号。蒋介石在庐山说："地无分南北，年不分老幼，皆有守土抗战之责！"自此，全面抗战开始。

7月7日是中国人的国殇日。新中国成立后，这一天被定为抗战纪念日。

九三抗战胜利纪念日（9月3日）

1945年8月14日，日本天皇颁布停战诏书，接受《波茨坦公告》。15日，日本天皇广播停战诏书。9月2日，在美国"密苏里"号巡洋舰上，日本政府代表在投降书上签字，日本无条件投降。第二天，也就是9月3日，中国举国欢庆，当时的国民政府确定这一天为纪念日。

1951年8月13日，中央人民政府政务院发表《政务院规定九月三日为抗日战争胜利纪念日的通告》。通告指出："本院在1949年12月

23日所公布的《统一全国年节和纪念日放假办法》中，曾以8月15日为抗日战争胜利日。查日本实行投降，系在1945年9月2日日本政府签字于投降条约以后。故抗日战争胜利纪念日应改定为9月3日。每年9月3日，全国人民应对我国军民经过伟大的八年抗日战争和苏军出兵解放东北的援助而取得对日胜利的光荣历史行为纪念。9月3日不放假。"

1951年是新中国重定9月3日为抗战胜利纪念日的第一年。毛泽东与斯大林就纪念抗日战争胜利六周年于9月2日互致贺电，各民主党派各人民团体于9月2日发表纪念抗日战争胜利日六周年联合宣言。首都各界庆祝抗日战争胜利六周年大会于9月3日下午3时在中山公园音乐堂举行。到会的有中国人民政协全国委员会、各民主党派、各人民团体代表共5000余人。

2005年，纪念中国人民抗日战争暨世界反法西斯战争胜利60周年大会，9月3日上午在人民大会堂隆重举行。时任中共中央总书记、国家主席、中央军委主席胡锦涛发表重要讲话。9月3日晚，纪念中国人民抗日战争暨世界反法西斯战争胜利60周年招待会，在北京人民大会堂举行。

九一八事变纪念日（9月18日）

1931年9月18日傍晚，日本关东军虎石台独立守备队第二营第三连离开原驻地虎石台兵营，沿南满铁路向南行进。夜22时20分左右，日本关东军铁路守备队柳条湖分遣队队长河本末守中尉为首的一个小分队以巡视铁路为名，在奉天（现沈阳）北面约7.5公里处，离东北军驻地北大营800米处的柳条湖南满铁路段上引爆小型炸药，炸毁了小段铁路。并将3具身穿东北军士兵服装的中国人尸体放在现场，作为东北军破坏铁路的证据，诬称中国军队破坏铁路并袭击日守备队。爆炸同时，守候在铁路爆破点以北约4公里的文官屯的川岛中队长，立即率兵南下，开始袭击北大营。爆炸后，日军兵分南北两路，向中国军队驻地北大营进攻。

当时，北大营驻守的东北军第七旅毫无防备，被打得措手不及。蒋介石曾密电张学良："沈阳日军行动，可作为地方事件，望力避冲突，以免事态扩大。一切对日交涉，听候中央处理可也。"由于执行不抵抗命令，驻守部队并未做出激烈反击。第七旅三个团中有两个团按指示撤走，只有王铁汉的六二○团未及时接到撤退命令，被迫自卫抵抗，最后突围撤走。北大营逾万名守军被区区500多人的日军击溃。

九一八事变后，东北沦陷。在中国共产党的号召下，全国掀起了抗日救亡运动。新中国成立后，9月18日被定为九一八纪念日，习惯上也称为国耻纪念日。

二、人物和职业

学雷锋纪念日（3月5日）

雷锋，原名雷正兴，1940年12月18日，农历十一月二十日，雷锋出生在湖南省长沙（望城）县简家塘一个贫苦农民家里。

1956年夏天，他小学毕业后在乡政府当了通信员，不久调到望城县委任公务员，被评为机关模范工作者，并于1957年加入共青团。1958年春，雷锋到团山湖农场，只用了一周的时间就学会了开拖拉机。同年9月，雷锋响应支援鞍钢的号召，到辽宁鞍山做了一名推土机手。翌年8月，他又来到条件艰苦的弓长岭焦化厂参加基础建设，曾带领伙伴们冒雨奋战保住了7200袋水泥免受损失，当时的《辽阳日报》报道了这一事迹。在鞍山和焦化厂工作期间，他曾3次被评为先进工作者，5次被评为标兵，18次被评为红旗手，并荣获"青年社会主义建设

雷锋

积极分子"的光荣称号。

1959年12月征兵开始，雷锋迫切要求参军，焦化厂领导舍不得放他走。雷锋跑了几十里路来到辽阳市兵役局（现人民武装部）表明参军的决心。他身高只有1.54米，体重不足55公斤，均不符合征兵条件，但因政治素质过硬和专业技术娴熟，最后被破例批准入伍。参加人民解放军后，雷锋被编入工程兵某部运输连四班，任班长。他全心全意为人民服务，只要是对人民有利的事，他都心甘情愿地去做。他曾多次立功，被评为节约标兵和模范共青团员。1960年11月入党，并被选为抚顺市人民代表。1962年8月因公殉职。

1963年1月7日国防部命名他生前所在的班为"雷锋班"。同年3月5日毛泽东亲笔题词"向雷锋同志学习"。周恩来题词"向雷锋同志学习：憎爱分明的阶级立场，言行一致的革命精神，公而忘私的共产主义风格，奋不顾身的无产阶级斗志"。朱德题词"学习雷锋，做毛主席的好战士"。从此，3月5日成为学雷锋纪念日。

国际护士节（5月12日）

国际护士节是中国的法定纪念日，所以它既是国际的，也是中国的。它是为纪念现代护理学科创始人——英国护士弗洛伦斯·南丁格尔而设立的。

1854年至1856年间，英法联军与沙俄发生激战。在英国一家医院任护士主任的南丁格尔，带领38名护士奔赴前线，参加护理伤病员的工作。因当时医疗管理混乱，护理质量很差，伤病员死亡率高达过半。于是，南丁格尔就潜心改善病室的卫生条件，并加强护理，增加营养。半年之后，伤病员死亡率下降到2.2%。这一事迹传遍欧洲。1860年，她在英国伦敦创办了世界上第一所正规护士学校。她的护士

提灯天使：南丁格尔

工作专著，成了医院管理、护士教育的基础教材。南丁格尔推动了世界各地护理工作和护士教育的发展，被誉为近代护理创始人。1910年，南丁格尔逝世。

1912年，国际护士理事会将南丁格尔的诞生日——5月12日定为国际护士节，旨在激励广大护士继承和发扬护理事业的光荣传统、以"爱心、耐心、细心、责任心"对待每一位病人，做好护理工作。最初称"医院日"，也称"南丁格尔日"，在中国称为"国际护士节"。 国际护士节这天，大力宣传护理工作，鼓励护士们学习救死扶伤的人道主义精神，已经成为世界各国护理界的一件盛事。

中国记者节（11月8日）

记者节早在新中国成立前就有。从1933年到1949年，每年的9月1日，新闻从业人员都举行各种仪式纪念这一节日。

新中国成立之初，中华人民共和国政务院颁布的《全国年节及纪念日放假办法》中明确规定了"记者节"。因当时没有确定记者节的具体日期，因此长期以来我国新闻从业人员一直未过记者节。

11月8日是中国记协的成立日。1937年11月8日，以范长江为首的左翼新闻工作者在上海成立中国青年记者协会，这是中国记协的前身。70多年来，特别是新中国成立以来，中国记协为团结广大新闻工作者，推动中国新闻事业的发展，以及在开展国际新闻界友好往来等方面做出了显著成绩。将"记者节"定在中国记协成立日的另一个理由是：中华全国新闻工作者协会是由中央级新闻单位，全国各省、区、市新闻工作者协会，各专业记协及其他新闻机构，新闻从业人员联合组成的全国性人民团体，代表着全国70万新闻工作者，以其成立日作为"记者节"的日期，有着广泛的代表性。

中国记协于2000年1月25日正式向国务院提出《关于确定"记者

节"具体日期的请示》，国务院法制办公室的专家经过科学论证，报经总理、各位副总理圈阅并征得其他中央领导同志意见后，国务院于2000年8月1日正式批复中国记协，同意11月8日确定为中国"记者节"。从此，新中国的新闻工作者有了自己的节日。

三、全民的健康

全国爱耳日（3月3日）

据世界卫生组织估算，全世界有轻度听力损失者近6亿，中度以上听力损失者2.5亿。中国有听力障碍残疾人2057万，居各类残疾之首，占全国人口的16.79‰，其中7岁以下聋幼儿达80万，每年还将新产生聋儿3万余名。老年性耳聋有949万，随着人口寿命增长和老龄化，老年性耳聋的人数不断增加。听力障碍严重影响着这些人的社会交往和个人生活质量。

导致耳聋的因素有耳毒性药物、遗传、感染和疾病，近年来，因环境噪声污染、意外事故导致耳聋的人数逐渐增多。这一人数众多、特殊困难的残疾人群体，已引起全社会，特别是卫生部门的高度重视。全国部分城市已经成立了防聋指导小组，开展了耳聋的流行病学调查，并积极拓宽与世界卫生组织及其他国际组织的合作领域，广泛开展学术交流。卫生部组织颁发的《常用耳毒性药物临床使用规范》，对加强耳聋性药物的使用管理，减少听力语言残疾的发生将发挥重要的作用，1998年1月，卫生部、教育部、民政部、全国妇联、中国残联等有关单位的领导及在京的听力学界、特殊教育学界的知名专家进行座谈，大家一致建议由卫生部牵头，尽快确立全国"爱耳日"，加强社会宣传，普及耳聋预防和康复知识，以减少耳聋发生。

全国爱耳日

1998年3月，在政协第九届全国委员会第一次会议上，社会福利组15名委员针对我国耳聋发病率高、数量多、危害大，预防薄弱这一现实，提出了《关于建议确立爱耳日宣传活动》的第2330号提案。这一提案引起了有关部门的高度重视，经中国残疾人联合会、卫生部等10个部门共同商定，确定每年3月3日为全国爱耳日。

2000年3月首次全国爱耳日座谈会在北京人民大会堂举行。首次全国爱耳日的主题是"预防耳毒性药物致聋"。

全国爱眼日（6月6日）

1992年9月25日，天津医科大学眼科教授王延华与流行病学教授耿贯一首次向全国倡议，并在天津召开了全国爱眼日第一次研讨会。这一倡议受到眼科学界和眼科专家们的响应，决定每年5月5日为"全国爱眼日"。1993年5月5日，天津首次举办爱眼日宣传活动。

受此影响，从1994年开始，北京、上海、广州等国内大中城市相继在5月5日举办义诊咨询活动，同时宣传爱眼日的意义。

1996年，国家卫生部、国家教育部、团中央、中国残联等12个部委联合发出通知，将爱眼日活动列为国家节日之一，并重新确定每年6月6日为"全国爱眼日"。第一届全国爱眼日的主题是"保护儿童和青少年视力"。

四、公益与环境

全国助残日（5月第三个星期日）

《中华人民共和国残疾人保障法》第四十八条规定："每年5月第三个星期日，为全国助残日。" 《中华人民共和国残疾人保障法》从1991年5月15日开始实施，"全国助残日"活动即从当年开始进行。之后，中国每年都进行"助残日"活动，每年助残日活动的主题，都是依据当年残疾人事业发展的重点工作确立的。

1991年第一个全国助残日主题是"宣传残疾人保障法"；

2000年第十个全国助残日主题是"志愿者助残"；

2010年第二十个全国助残日主题是"关爱帮扶农村贫困残疾人"；

2013年第二十三个全国助残日主题是"帮扶贫困残疾人"。

实践证明，用法律的形式确定的"全国助残日"活动，是培育全社会扶残助残风尚、提高全民助残意识的一项重要举措，也是精神文明创建活动的一个重要形式。

全国土地日（6月25日）

为纪念《中华人民共和国土地管理法》的颁布，国务院第八十三次常务会议决定，从1991年起，把每年的6月25日，即《土地管理法》颁布的日期确定为全国土地日。

1991年第一个全国土地日宣传主题是"土地与国情"；

2000年第十个全国土地日宣传主题是"保护耕地——为了美好的明天"；

2010年第二十个全国土地日宣传主题是"土地与转变发展方式——依法管地集约用地"；

2013年第二十三个全国土地日宣传主题是"珍惜土地资源，节约集约用地"。

"全国土地日"是国务院确定的第一个全国纪念宣传日。中国是世界上第一个为保护土地而设立专门纪念日的国家。

全国消防日（11月9日）

1992年，中华人民共和国公安部宣布设立"全国消防日"，时间是每年的11月9日。11月9日与中国的火警电话"119"在数字上是一致的，这样不仅便于记忆，还利于宣传。

2000年第十届消防日活动主题是"共筑平安路，迈向新世纪，让家庭远离火灾"；

2010年第二十届消防日活动主题是"全民关注消防、生命安全至上"。

2013年第二十三届消防日活动主题是"认识火灾，学会逃生"。

通过"全国消防日"活动，使人们的防火安全意识不断提高。如今，"119"这个救火消防电话号码已经深入人心。

第九章　世界纪念日

一、自然与环境

世界水日（3月22日）（World Water Day）

1992年8月21日，联合国环境与发展署在巴西里约热内卢开会，正式提出设立国际水资源节日。1993年1月18日，联合国大会通过了第193号决议，确定自1993年起，将每年的3月22日定为"世界水日"，以推动对水资源进行综合性统筹规划和管理，加强水资源保护，解决日益严峻的缺水问题。同时，通过开展广泛的宣传教育活动，增强公众对开发和保护水资源的意识。让我们节约用水，不要让我们的眼泪成为最后一滴水！

每年的"世界水日"都有一个主题。1995年是"妇女与水"；2000年是"二十一世纪之水"；2005年是"生命之水"；2010年是"保障清洁水源，创造健康世界"；2012年是"水和食品安全"；2013年是"水合作"；2014年是"水与能源"。

每年的"世界水日"都要举行很多活动，如世界水论坛、世界水日、世界水周等。结合当年的主题，阐述人类与水、动物与水、自然与水的关系。

世界水日

生物多样性国际日（5月22日）

（The International Day for Biological Diversity）

　　1994年12月19日，联合国第49次大会通过决议，首次提出将每年12月29日设定为"生物多样性国际日"。然而，由于12月29日与年末很多其他节日时间相冲突，对于很多国家而言，在此时间筹划该主题的庆祝活动相对较难。因此，为确保该国际日主题活动可连续如期举行，2001年5月17日，联合国大会通过第201号决议，将"生物多样性国际日"更改为每年的5月22日。

　　联合国第55次大会于2000年12月20日通过决议，宣布每年5月22日为"生物多样性国际日"，以此庆祝1992年5月22日内罗毕会议最后通过的决议《生物多样性公约》协议文本。

联合国大会表示世界生物多样性不断丧失，并根据公约的规定，重申承诺保护生物多样性，可持续地利用和公正公平地分享利用遗传资源所产生的惠益，包括适当地获取遗传资源，适当地转让相关技术。同时要考虑到使用这些资源和技术所产生的费用，将适当地提供资金支持。

每年的"生物多样性国际日"都有一个主题：2005年是"变化世界的生命保障"；2010年是"生物多样性、发展和消除贫困"；2011年是"森林多样性"；2012年是"海洋生物多样性"；2013年是"水和生物多样性"；2014年是"岛屿生物多样性"。

世界环境日（6月5日）（World Environment Day）

世界环境日的庆祝活动始于1972年。1972年6月5日在瑞典首都斯

世界环境日

德哥尔摩召开了《联合国人类环境会议》，会议通过了《人类环境宣言》，并提出将每年的6月5日定为"世界环境日"。同年10月，第27届联合国大会通过决议接受了该建议。

　　每年的"世界环境日"都有一个主题。1975年是"人类居住"；1985年是"青年、人口、环境"；1995年是"各国人民联合起来，创造更加美好的世界"；2005年是"营造绿色城市，呵护地球家园"；2010年是"多样的物种，唯一的地球，共同的未来"。2012年是世界环境日40周年，当年的主题是"绿色环境，你参与了吗？"2013年的主题是"思前、食后和厉行节约"。

防止荒漠化和干旱世界日（6月17日）
(World Day to combat desertification)

　　为加强公众对此问题的关注，1994年，联合国大会决定将每年的6月17日设立为"防止荒漠化和干旱世界日"。大会通过了《联合国防止荒漠化公约》。该公约已在世界各地饱受严重干旱荒漠化的国家，尤其是非洲国家，得以实施。

　　每年的"防止荒漠化和干旱世界日"都有一个主题。2005年是"妇女与荒漠化"；2009年是"节约土地和水资源，保护我们共同的未来"；2013年是"干旱与水资源缺乏"。

保护臭氧层国际日（9月16日）
(International Ozone Layer Protection Day)

　　臭氧层能吸收99％以上对人类有害的太阳紫外线，保护地球上的生命免遭短波紫外线的伤害，因此它被誉为地球上生物生存繁衍的保护伞。

臭氧层破坏是当前面临的全球性环境问题之一，自70年代以来便引起世界各国的关注。联合国环境规划署自1976年起陆续召开了各种国际会议，通过了一系列保护臭氧层的决议。尤其在1985年发现了在南极周围臭氧层明显变薄，即所谓的"南极臭氧洞"问题之后，国际上保护臭氧层的呼声更加高涨。1985年3月在奥地利首都维也纳通过了有关保护臭氧层的国际公约——《保护臭氧层维也纳公约》，该公约从1988年9月起生效。

在《保护臭氧层维也纳公约》的基础上，为了进一步对氯氟烃类物质进行控制，在审查世界各国氯氟烃类物质生产、使用、贸易的统计情况的基础上，通过多次国际会议协商和讨论，于1987年9月16日在加拿大的蒙特利尔会议上，通过了《关于消耗臭氧层物质的蒙特利尔议定书》，并于1989年1月1日起生效。

1994年联合国大会宣布每年9月16日为"保护臭氧层国际日"，以纪念在1987年的这一天签署的《关于消耗臭氧层物质的蒙特利尔议定书》。

每年的"保护臭氧层国际日"都有一个主题。2002年的主题是"拯救蓝天，保护臭氧层：保护自己，保护臭氧层"；2005年是"善待臭氧层，安享阳光"；2010年是"保护臭氧层：治理与遵守的最佳典范"；2013年是"健康的大气层，我们之所需"。

《蒙特利尔议定书》在发达国家及发展中国家的执行情况良好。2003年，联合国前秘书长科菲·安南称"《蒙特利尔议定书》可能是迄今为止唯一的一个最成功的国际协议"。

防止战争和武装冲突糟蹋环境国际日（11月6日）

(The International Day for Preventing the Exploitation of the Environment in the War and Armed Conflict)

2001年11月5日，联合国大会决议，定每年11月6日为"防止战争和武装冲突糟蹋环境国际日"。

虽然在国际法中存在着各种可以保护自然资源和武装冲突期间环境的条款,但其实施和执行仍然薄弱。此外,联合国环境规划署发现,在过去60年中,至少有40%内部冲突被认为与自然资源的剥削有关,这些自然资源包括高价值资源,如:木材、钻石、黄金和石油,也包括肥沃的土地和水等稀缺资源。自然资源相关的冲突有可能加倍恶化。

联合国高度重视,认为预防冲突、维持和平和建设和平战略是环境保护行动的一部分。因为如果自然资源维持生计和生态系统遭到破坏,和平将不复存在。六个联合国机构和部门,在联合国气候变化框架预防性行动小组协调下,与欧洲联盟合作,以帮助各国减少对自然资源的紧张局势,并运用环境管理应对建设和平和预防冲突。

国际山岳日（12月11日） (International Mountain Day)

山地林能够保护各地社区免受自然灾害的危害,为全世界亿万民众的福祉和生计保障了自然资源和环境服务。山地林当属地球上最壮观美丽的风景,但却面临着威胁。

世界上半数以上人口依靠山地蕴藏的淡水,满足饮用、洗衣做饭、灌溉、水电、工业和运输等需求。山地林一旦砍伐,土地就失去了保护,径流和土壤流失加快。

2002年12月20日,联合国第78次全体会议决定,自2003年12月11日起,定12月11日为"国际山岳日",并鼓励国际社会每逢此日,在世界各地举办活动,宣传山区可持续发展的重要性。

每年的"国际山岳日"都有一个主题。2003年的主题是"山脉:淡水的来源";2009年是"山区灾害风险管理";2010年是"山区少数民族和原住民";2011年是"山地林:未来之根";2012年"欢庆山岳生活";2013年是"山岳——未来可持续发展的关键所在"。

国际山岳日

二、疾病与健康

世界癌症日（2月4日）（World Cancer Day）

癌症是全人类的首要死亡原因之一。据世卫组织估计，如不进行干预，2005年至2015年期间将有8400万人死于癌症。

国际抗癌联盟（UICC）于2000年发起"世界癌症日"活动，时间定于每年2月4日。UICC成立于1933年，总部设于瑞士日内瓦，以拯救世界人民免于癌症困扰为己任。

每年的"世界癌症日"都有一个主题。2008年的主题是"给儿童和青年人一个无烟的环境"；2009年的主题是"鼓励基于健康节食和身体活动的资源平衡的生活方式"；2010年的主题是"了解杀死癌症病毒的疫苗"；2011年的主题是"告诉儿童和青少年避免曝露在紫外线下"；2014年是"揭穿神秘"。

世界癌症日

世界唐氏综合症日（3月21日）
（World Down Syndrome Day）

唐氏综合症是一种自然发生的染色体组合现象，历来是人体状况的一部分，全球各地均有相关病例，而且通常会对学习方式、体态特征和健康造成各种不同的影响。

2011年12月，联合国大会将3月21日定为"世界唐氏综合症日"，从2012年起每年为此举办活动。大会邀请所有会员国、联合国系统相关组织和其他国际组织以及包括非政府组织和私营部门在内的民间社会，以适当方式举办"世界唐氏综合症日"活动，以便提高公众对唐氏综合症的认识。2014年的主题是"健康和幸福，人人有权享有"。

世界防治结核病日（3月24日）（World TB Day）

结核病属于慢性传染病，由结核杆菌引起，其中肺结核病最为常见。历史上，结核病曾在全世界范围内广为流行。1882年3月24日，德国科学家罗伯特·科赫宣布发现结核杆菌是导致结核病的病原菌，从而给防治结核病带来突破。为了纪念科赫的伟大发现，世界卫生组织与国际预防结核病和肺部疾病联盟在1982年决定，将每年的3月24日确定为"世界防治结核病日"。

每年的"世界防治结核病日"都有一个主题。2000年的主题是"动员全社会共同关注结核病"；2010年的主题是"遏制结核，健康和谐"；2014年的主题是"接近300万最贫困结核病患者"。

世界提高自闭症意识日（4月2日）
(World Autism Awareness Day)

自闭症是一种因神经系统失调影响到大脑功能而导致的终身发展障碍，症状在3岁前出现，患者多为儿童，分布在许多国家，不分性别、种族或社会经济地位。

历史上，联合国一直促进保护和健全残疾人的权利和福祉，包括残疾儿童的发育。《残疾人权利公约》于2008年生效，它重申了所有人权普天同享的根本原则。残疾儿童应在能确保其尊严、促进其自立、有利于其积极参与社会生活的条件下享有充实而适当的生活，并与其他儿童在平等的基础上充分享有一切人权和基本自由。

联合国大会指定4月2日为"世界提高自闭症意识日"，鼓励每年以适当方式举办世界提高自闭症意识日活动，以便提高公众对自闭症的认识，包括在家庭层面采取措施，提高全社会对自闭症儿童的认识。

世界卫生日（4月7日）（World Health Day）

1949年，第二届世界卫生大会宣布，从1950年起，将每年的4月7日定为"世界卫生日"。

在此之前，"世界卫生日"是7月22日。1946年7月22日，联合国经社理事会在美国纽约举行国际卫生大会，60多个国家的代表签署了《世界卫生组织宪章》，并规定该宪章于1948年4月7日生效。为纪念宪章通过，1948年6月，联合国于瑞士日内瓦举行第一届世界卫生大会，正式成立世界卫生组织（WHO），并决定将每年7月22日定为"世界卫生日"。这个日期正值世界上多数国家学校的暑假，很多人无法参加节日庆祝。所以第二届世界卫生大会时，将日期改为4月7日。

从1950年开始到2012年，每年的"世界卫生日"都有一个主题。

世界卫生日

近期的主题是：2010年"城市化与健康"；2011年"抗菌素耐药性：今天不采取行动，明天就无药可用"；2012年"老龄化与健康，口号是'健康相伴，活力常在'"；2013年"健康血压"；2014年"小小叮咬危害大"。

世界防治疟疾日（4月25日）（World Malaria Day）

2010年有33亿人处于罹患疟疾的危险之中，约占世界人口的一半。每年发生2.16亿起疟疾病例和近65.5万例死亡。生活在最贫穷国家的人最易受到感染。

2007年5月，世界卫生大会举行第60届会议，为了赞扬全球有效控制疟疾的努力，宣布每年的4月25日为"世界防治疟疾日"。

2008年4月25日为首个"世界防治疟疾日"，主题是"疟疾——没有国界的疾病"。2012年的主题是"遏制生病、挽救生命、加大投资疟疾治疗"；2013—2015年是"投资未来，消灭疟疾"。

世界肝炎日（7月28日）（World Hepatitis Day）

世界上每年有140万人感染甲型肝炎。目前为止，约有20亿人感染了乙肝病毒，1.3亿人为慢性丙肝病毒感染者。

2010年，世界卫生组织（WHO）通过决议，决定将每年的7月28日定为"世界肝炎日"。2011年7月28日，首个"世界肝炎日"到来，其主题是"认识肝炎，科学防治"。2012年的主题是"它离你很近，超过你的想象"；2013年的主题是"行动起来应对病毒性肝炎的'默默流行'"。

世界心脏日（9月的最后一个星期日）（World Heart Day）

心脏疾病是威胁人类生命健康的头号杀手，为提醒人们重视，世界心脏联盟确定2000年9月24日为首个"世界心脏日"。并规定，以后每年9月的最后一个星期日为"世界心脏日"。

每年的"世界心脏日"都有一个主题。近几年的主题是：2007年"健康家庭、和谐社会"；2008年"了解你的危险因素"；2009年"改善工作环境，促进心脏健康"；2012年"全球护心，家家齐心"；2013年"娱乐健康，年轻心脏"。

世界心脏日当天，世界心脏协会联合世界卫生组织在100多个国家里举行各种活动宣传心脏健康。主要活动有：心脏检查，组织步行、跑步、健身运动，公开演讲，舞台表演，科学论坛，展览，音乐会，嘉年华和运动比赛。

世界狂犬病日（9月28日）（World Rabies Day）

美国疾病控制与预防中心报告，每年有5.5万人死于狂犬病，即平均每10分钟有1人死亡。

2007年9月，国际狂犬病控制联盟倡议，世界卫生组织、世界动物卫生组织及美国疾病预防控制中心等共同发起了"世界狂犬病日"，各国纷纷开展相应宣传活动。这是第一次"世界狂犬病日"。2009年，国际狂犬病控制联盟统计，约120个国家，近1000万人口接受了狂犬病的教育，大约300万只狗被注射了疫苗。

法国化学家路易斯·巴斯德是第一支狂犬疫苗的发明人。为纪念他的贡献，国际狂犬病控制联盟将巴斯德的逝世日——9月28日，作为"世界狂犬病日"。

世界糖尿病日（11月14日）（World Diabetes Day）

世界卫生组织统计，全世界有3.46亿人患有糖尿病。如不进行有效治疗和控制，到2030年，糖尿病人数将会达到7亿。近80%的糖尿病死亡病例发生在中低收入国家。

世界糖尿病日

　　1891年11月14日，胰岛素之父弗雷德里克·班廷出生在加拿大安大略省。1991年，国际糖尿病联合会和世界卫生组织联合决定自1992年起，每年的11月14日（班廷诞辰日），为"世界糖尿病日"。

　　每年的"世界糖尿病日"都有一个主题。第一届的主题是"一个与所有国家、所有人有关的健康问题"；2002年的是"糖尿病与您的眼睛：不可忽视的危险因素"；2011年的是"应对糖尿病，立即行动"；2012年的是"糖尿病教育与预防"；2013年的是"糖尿病，保护我们的未来"。

世界艾滋病日（12月1日）（World AIDS Day）

　　为提高人们对艾滋病的认识，1988年1月，世界卫生组织定每年的12月1日为"世界艾滋病日"，号召世界各国和国际组织在这一天举办相关活动，宣传和普及预防艾滋病的知识。世界卫生组织将12月1日定为"世界艾滋病日"，是因为第一个艾滋病病例是在1981年此日诊断出来的。

每年的"世界艾滋病日"都有一个主题。1988年是"全球共讨，征服有期"；2000年是"男士责无旁贷"；2010年是"正视艾滋，重视权益，点亮反歧视之光"；2011—2013年是"行动起来，向'零'艾滋迈进"。

三、职业与人群

国际家庭日（5月15日）　(International Day of Families)

1993年第44届联合国大会决定，从1994年起将每年5月15日定为"国际家庭日"。以此提高各国政府和公众对于家庭问题的认识，促进家庭的和睦、幸福和进步。

近年"国际家庭日"的主题有：2007年"家庭与残疾人"；2008年"父亲与家庭：责任和挑战"；2009年"母亲和家庭：变化世界中的挑战"；2010年"移徙对世界各地家庭的影响"；2011年"与家庭贫困和社会排斥作斗争"；2013年"推进社会融合和代际团结"。

世界无童工日（6月12日）
(World Day Against Child Labour)

国际劳工组织于2002年设立了"世界无童工日"，目的是要在全球范围内取消童工。每年6月12日，来自世界各地的政府，雇主和工人组织，民间社团，以及亿万人民群众聚集起来，探讨怎样来帮助童工脱离困境。

据最新数字估计，仍有2.15亿儿童在被迫当童工，而其中的1.15

亿儿童在从事危险工作。国际劳工组织会员国已将2016年定为消除最恶劣形式的童工劳动的最后期限。为了实现这一目标，国际社会还需要更大的努力。

2011年"世界无童工日"的主题是"从事危险工作的儿童"。2011年世界无童工日将全球从事危险工作的儿童置于聚光灯下，并呼吁各国采取紧急行动来解决这个问题。2012年的主题是"人权和社会正义，让我们结束童工现象"；2013年的主题是"向从事家政工作的童工说'不'"；2014年的主题是"深化社会保护责任，反击童工现象"。

世界献血者日（6月14日）（World Blood Donor Day）

为鼓励更多健康人无偿献血，宣传和促进全球血液安全规划的实施，2005年5月，世界卫生组织、红十字会与红新月会国际联合会、国际献血组织联合会、国际输血协会将6月14日定为"世界献血者日"，决定从2004年起，将每年的6月14日定为"世界献血者日"。以感谢那些为拯救生命而无私奉献的自愿献血者，特别是每年两次、三次或者多次定期捐献血液的个人，称颂他们无偿捐助血液的无私奉献之举，宣传无偿献血的重要性，鼓励更多的人成为自愿献血者。

世界献血者日

之所以选中这一天，是因为6月14日是发现ABO血型系统的诺贝尔奖获得者卡尔·兰德斯坦纳的生日。

每年的"世界献血者日"都有一个主题。2010年主题为"向世界提供新鲜血液"；2011年主题为"捐献更多血液，挽救更多生命"；2012年主题为"每位献血者都是英雄"；2013年主题为"奉献生命之礼"；2014年主题为"安全血液挽救母亲"。

世界难民日（6月20日）（World Refugee Day）

1974年6月20日，非洲通过了一项关于非洲难民问题的公约，并决定将每年的这一天定为"非洲难民日"。为了引起国际社会对难民问题更广泛的关注，2000年12月，联合国大会决定，从2001年起，把"非洲难民日"更名为"世界难民日"。

每年的"世界难民日"都有一个主题。2001年第一个世界难民日的主题是"尊重"；2005年是"勇气"；2010年是"家园"；2013年是"不让一个家庭因战火离散"。

联合国公务员日（6月23日）
（United Nations Public Service Day）

联大于2003年正式决定，将每年的6月23日定为"联合国公务员日"。旨在颂扬公共服务对社会的贡献和价值，总结公务员们的工作，并鼓励年轻人加入公共部门，服务社会。

2011年，"联合国公务员日"的主题是"公共管理与创新治理的改革领导：为所有人创造一个更美好的生活"。2014年联合国公务员日在韩国首尔举办论坛和颁奖典礼，主题是"人类可持续发展和生存的管理革新"。

国际丧偶妇女日（6月23日）（International Widows' Day）

2010年12月，联合国大会宣布6月23日为"国际丧偶妇女日"。大会决定从2011年起，在每年的6月23日组织国际丧偶妇女日活动。旨在提供一个机会，使人们认识到寡妇及其子女的困境，并通过赋予寡妇权利来确保她们的人权和减轻贫困。并再三吁请会员国、联合国系统及其他国际和区域组织，在各自职权范围内，特别注意寡妇及其子女的境况。

世界人口日（7月11日）（World Population Day）

世界人口日

1987年7月11日，地球人口达到50亿。为纪念这个特殊的日子，1989年联合国根据其开发计划署理事会第36届会议的建议，决定每年7月11日为"世界人口日"，以唤起人们对人口问题的关注。据此，1990年7月11日遂成为第一个"世界人口日"。2011年10月

31日，世界人口已达到70亿。

每年的"世界人口日"都有一个主题。2009年是"应对经济危机：投资于妇女是一个明智的选择"；2010年是"每个人都很重要"；2011年是"关注70亿人的世界"；2013年是"关注青少年怀孕"。

世界教师日（10月5日）（World Teachers' Day）

1966年10月5日，国际劳工组织和联合国教科文组织共同审议通过了《关于教师地位的建议书》。为纪念这一天，联合国教科文组织和国际劳工组织于1994年共同发起，将10月5日定为"世界教师日"。世界教师日旨在赞扬和感谢全世界教师为教育事业和人类作出的贡献，并引起对教师的世界性关注，帮助教师维护自身权益。每到这一天，全球超过100个国家举办庆祝活动。

每年的"世界教师日"都有一个主题，近年的主题有：2009年"打造未来：立即投资于教师"；2010年"复兴始于教师"；2011年"教师促进性别平等"；2013年"对教师的呼吁"。

国际农村妇女日（10月15日）
(International Day of Rural Women)

尽管城市地区日渐扩大并日显重要，但世界有一半以上人口包括绝大多数贫穷男女生活在农村地区。欠发达国家和最不发达国家生活在农村地区的人口分别约为56%和72%。

为让更多的人认识到农村妇女在实现粮食安全和可持续发展战略中的地位以及所发挥的重要作用，1996年联合国确定每年的10月15日为"世界农村妇女日"。为使更多的人认识到农村妇女的重要性，每年的这一天，人们都要举行活动纪念这个日子。

国际儿童日（11月20日）（Universal Children's Day）

1954年12月14日，联合国大会通过决议，建议所有国家设立"国际儿童日"，并在每年选择合适时间，以各国自己的方式庆祝儿童日。1959年11月20日，联合国大会通过了《儿童权利宣言》。1989年11月20日，联大又通过了《儿童权利公约》。从1990年开始，联合国每年在11月20日为"国际儿童日"以及纪念上述两份文件通过而举办活动。

从1954年至今，举行国际儿童日的国家从原来的50个增至150个。各国政府和各国际组织与机构非常重视世界各国的儿童问题，在每年的"国际儿童日"期间，都提交有关儿童状况的最新统计资料和取得的工作成就报告。然而关于全世界数百万儿童生活状况进行的统计资料显示的结果令人痛心。全世界数百万儿童，在生活、保健、教育领域缺乏最基本的保障。

国际残疾人日（12月3日）
(International Day of Persons with Disablities)

1992年10月12日至13日，第47届联大举行了自联合国成立以来首次关于残疾人问题的特别会议。大会通过决议，定每年12月3日为"国际残疾人日"。

近年国际残疾人日的主题有：2009年"为所有人实现千年发展目标：赋权给残疾人和其在世界各地的社区"；2010年"让千年发展目标具有包容性：增强世界各地残疾人及其社区的力量"；2011年"人人共享美好世界，推动残疾人融合发展"；2013年"打破阻碍，门户开放：为所有人的发展，建设包容性社会"。

"国际残疾人日"的确立，说明在世界范围内，残疾人事业日益引起广泛关注，不同种族的人们都开始形成一个共识，残疾人事业是人道主义的事业，是一项崇高而又光荣的事业，是人类进步和正义的事业。庆祝"国际残疾人日"给人们提供了一个机会，使其改变对残疾人的态度，并消除影响残疾人充分参与到生活各个方面中来的障碍。

国际志愿者日（12月5日）（International Volunteer Day）

1985年12月17日，第40届联合国大会通过决议，从1986年起，定每年的12月5日为"国际志愿者日"，其目的是敦促各国政府通过庆祝活动唤起更多的人以志愿者的身份从事社会发展和经济建设事业。

世界志愿者日

每年，除了动员数千名志愿者，联合国志愿人员与合作伙伴和政府密切合作，为各国培养和维持当地志愿者创建结构，建立国际性的志愿者计划。通过网上志愿服务于志愿者，可以为人类可持续发展采取行动，在互联网上支持发展组织活动。每天，有成千上万人的志愿人员在网上或现场为和平与发展作出贡献，努力实现千年发展目标。

国际移徙者日（12月18日）（International Migrants Day）

第55届联大于2000年12月4日通过有关决议，定12月18日为"国际移徙者日"。联大还要求所有会员国以宣传人权、移民的基本自由权和制定有关措施来保护移民一切权利等形式来纪念这一天。

国际人类团结日（12月20日）
(International Human Solidarity Day)

为了纪念联合国第一个消除贫穷十年（1997—2006），2005年12月22日，第66届联合国大会决定，每年12月20日为"国际人类团结日"。

通过设立旨在消除贫穷的世界团结基金和宣布"国际人类团结日"等倡议，倡导了团结的概念，作为战胜贫困和动员所有有关利益攸关者参与方面的一项重要因素。

"国际人类团结日"，旨在提醒我们对社会发展的国际协定，包括国际会议和多边协定的行动方案成果的重要性。

四、科学与地球

载人空间飞行国际日（4月12日）
(International Day of Human Space Flight)

1961年4月12日是苏联宇航员尤里·加加林首次实现载人飞行的日子，这一历史事件为造福全人类的空间探索开创了新途径。

在载人空间飞行50周年之际，2011年4月7日，第65届联大通过决议，宣布4月12日为"载人空间飞行国际日"，以庆祝人类空间时代的开始，同时重申空间科学和技术在实现可持续发展的目标，增加国家和人民福祉，并确保实现其以和平为目的的维护外层空间的愿望方面所做重要贡献。

世界电信和信息社会日（5月17日）
(World Telecommunication and Information Society Day)

1865年5月17日是签署第一份《国际电报公约》和创建国际电信联盟的纪念日。1973年，5月17日被确定为"世界电信日"。自2005年信息社会世界高峰会议（WSIS）和2006年国际电联全权代表大会之后，每年5月17日被定为"世界电信和信息社会日"。

每年的"世界电信和信息社会日"都有一个主题。近年的主题有，2006年"推进全球网络安全"；2007年"携手青年：ICT产业的机会"；2008年"信息通信技术惠及残疾人"；2009年"保障儿童网上安全"；2011年"信息通信技术让农村生活更美好"；2012年"信息通信与女性"；2014年"宽带为可持续发展服务"。

禁止核试验国际日（8月29日）
（International Day Against Nuclear Tests）

2009年12月2日，联合国大会第64届会议一致通过决议，宣布8月29日为"禁止核试验国际日"。

2010年举行首次"禁止核试验国际日"纪念。全世界通过各种活动庆祝了这个日子，如专题研讨会、会议、展览、竞赛、出版物、学术机构的教学活动、媒体广播和其他活动。

禁止核试验国际日

争取和平与发展科学日（11月10日）
（World Science Day for Peace and Development）

2001年11月2日，联合国教科文组织发起设立"争取和平与发展科学日"，时间是每年的11月10日。

每年的"争取和平与发展科学日"都有一个主题。2011年的主题是"面向绿色社会：公平、包容、分享"；2013年的主题是"科技面向水合作：分享数据、知识和创新"。

世界电视日（11月21日）（World Television Day）

1996年11月21日，第一次世界电视论坛在联合国总部举行。来自世界各国的传媒界重要人士聚集一堂，讨论电视在今天千变万化的世界中日益增加的重要性，并考虑如何加强彼此之间的合作。12月17日，第51届联合国大会通过决议，定11月21日为"世界电视日"。呼吁人们"认识到电视提醒世界注意冲突及对和平与安全的威胁从而日益影响决策，以及在集中注意力于其他主要问题、包括经济和社会问题方面可能发挥的作用"。

五、人文与社会

世界社会公正日（2月20日）（World Day of Social Justice）

第62届联合国大会决议指出，国际社会需要进一步加紧努力，以消除贫穷，让所有人都充分就业，享有社会福利和社会公正。并呼吁世界各国根据1995年召开的联合国社会发展问题世界首脑会议和联大相关会议所设立的目标，在国家层面开展促进社会公正的活动。决定自2009年起，将每年2月20日设立为"世界社会公正日"。

国际母语日（2月21日）
（International Mother Language Day）

1952年，孟加拉附属于巴基斯坦，为争取把孟加拉语列为官方语言之一，民众进行示威。2月21日，警察开枪射击示威者，5人不幸罹难。孟加拉独立后，在首都达卡竖立纪念碑，纪念5位被杀的"语言烈士"。

1999年11月， 联合国教科文组织一般性大会宣布：从2000年起，每年的2月21日为"国际母语日"。纪念"国际母语日"，旨在促进语言和文化的多样性，以及多语种化。

近年"国际母语日"的主题是：2008年"国际语言年"；2009年"十周年庆祝"；2010年"国际文化友好年"；2011年"利用信息与传播技术保护和促进语言与语言多样性"；2012年"母语教学和全纳教育"；2014年"地方话促进世界公民意识：聚焦科学"。

世界诗歌日（3月21日） （World Poetry Day）

1999年，联合国教科文组织第30次大会决定3月21日为"世界诗歌日"。其目的是支持通过诗歌表达语言的多样性，并让濒危语言有机会在其社区内得以传播。此外，这一天也是为了支持诗歌回到诗朗诵的传统，促进诗歌教学，恢复诗歌与戏剧、舞蹈、音乐、绘画等艺术

世界诗歌日

之间的对话，支持小型出版商在媒体上创造富有魅力的诗歌形象，使诗歌艺术不再被视为一种过时艺术，而是一种当今的艺术形式。

世界书籍与版权日（4月23日）
(World Book and Copyright Day)

4月23日，是世界文学领域的一个重要日子。因为西班牙作家塞万提斯、英国作家莎士比亚和西班牙诗人加尔西拉索·德·拉·维加都在1616年的这一天去世。此外，4月23日也是另一些著名作家出生或去世的日子，如法国作家、《宫廷恩仇记》作者莫里斯·德律昂；冰岛作家、诺贝尔文学奖获得者拉克斯内斯；俄国作家、《洛丽塔》作者佛拉吉米尔·纳博科夫；西班牙卡泰兰语作家约瑟·普拉；哥伦比亚小说家曼努埃尔·梅希亚·巴列霍；中国南宋理学家朱熹。

因此，1995年联合国教科文组织大会选择这一天设立"世界书籍与版权日"，向全世界的作家和他们的作品表示敬意。鼓励每个人，尤其是年轻人，去发现阅读的快乐。并再度对那些为促进人类的社会和文化进步做出无以替代的贡献的人们致以敬意。为此，教科文组织设立了"世界书籍与版权日"和"教科文组织促进容忍青少年文学奖"。

世界知识产权日（4月26日）（World IP Day）

1970年4月26日，《世界知识产权公约》正式生效。2000年，世界知识产权组织（WIPO）召开第35届成员大会，通过了中国和阿尔及利亚的提案，将每年的4月26日定为"世界知识产权日"。

每年的"世界知识产权日"都有一个主题。近年的主题是：2009年"绿色创新"；2010年"创新——将世界联系在一起"；2011年

"设计未来"；2012年"天才创新家"；2013年"创造力——下一代"；2014年"电影——令世界着迷"。

国际爵士乐日（4月30日）（International Jazz Day）

2011年11月，联合国教科文组织大会宣布每年的4月30日为"国际爵士乐日"，主要目的是为了提升国际社会对爵士乐的认识：爵士乐不仅是一种教育工具，同时也是推广和平、团结以及增强不同民族间对话与合作的力量。"国际爵士乐日"提供了一次大好机会，许多积极推广爵士乐的国家政府、民间社会组织、教育机构和私人个体，可以借此时机帮助人们更深入了解和欣赏爵士乐及其对建立更具包容性社会所作出的贡献。

世界音像遗产日（10月27日）
(World Day for Audiovisual Heritage)

为纪念《关于保护与保存活动图像的建议书》，2005年，联合国教科文组织大会第33届会议通过决议，宣布10月27日为"世界音像遗产日"。

设立"世界音像遗产日"的目的，是为提高公众对保护音像遗产的必要性的认识；为地方、国家或国际上举行庆祝遗产的具体活动提供机会；重视对档案的利用；吸引传媒对遗产问题的关注；提高音像遗产的文化地位；重视濒危音像遗产，特别是发展中国家的这种遗产。

2011年"世界音像遗产日"的主题是"音像遗产：看、听、学"；2013年的主题是"为下一代保护遗产"。

世界音像遗产日

世界哲学日（11月第三个星期四）（World Philosophy Day）

2002年，联合国教科文组织启动"世界哲学日"项目。其目的是鼓励世界各国人民分享哲学遗产，使人们更加深入地了解哲学知识，认识哲学学科，并使更多人在日常生活中感受领悟哲学的魅力和内涵，使哲学真正走进我们每个人的生活，更好地促进人类社会的发展。

2005年联合国教科文组织大会第33届会议在巴黎宣布，每年11月的第三个星期四为"世界哲学日"。

附录一 道教主要节日

月份	日期	节名
正月	初一	天腊日接喜神 元始天尊圣诞（一说冬至）
	初二	接财神 孙正真人诞
	初三	郝真人、孙真人圣诞
	初五	孙祖清净真人诞
	初六	清水祖师诞 九天玄女诞
	初八	拜顺星 江东神诞
	初九	玉皇上帝圣诞
	十三	关圣帝君飞升
	十五	上元天官圣诞 张天师（张道陵）诞 门丞户尉诞 佑圣真君诞 盘古大王诞
	十六	三王公诞
	十九	长春邱真人圣诞
	廿七	许真君诞
二月	初一	勾陈神圣诞、刘真人圣诞
	初二	土地神诞、姜太公圣诞
	初三	文昌梓潼帝君圣诞

月份	日期	节名
	初六	东华帝君圣诞
	初八	昌福真君圣诞
	十三	葛真君圣诞
	十五	太上老君圣诞（真元节） 岳武穆王（岳飞）诞
	十六	天仙娘娘圣诞
	十八	玉阳王真君圣诞
	十九	慈航观音圣诞
	廿四	都龙王圣诞
	廿五	玄天圣父明真帝诞
	廿六	真武大帝圣诞
三月	初一	谭祖长真真人诞
	初三	玄天上帝（北帝）圣诞 王母娘娘圣诞
	初五	禹王圣诞
	初六	眼光娘娘圣诞
	初七	何仙姑诞
	十二	中央五道圣诞
	十五	财神赵公元帅圣诞 昊天大帝圣诞 雷霆驱魔大将军圣诞
	十六	三茅真君得道之辰 王阳真人圣诞
	十八	后土娘娘圣诞 中岳大帝圣诞
	十九	太阳星君圣诞

月份	日期	节名
	廿日	子孙娘娘圣诞
	廿三	天后妈祖圣诞
	廿六	鬼谷先师诞
	廿八	东岳大帝圣诞
四月	初一	长生谭真君成道之辰
	初三	慈敏真君圣诞
	初八	尹真人圣诞
	初十	葛仙翁诞
	十三	天尹真人诞
	十四	吕祖纯阳祖师圣诞
	十五	钟离帝君圣诞
	十八	北极紫微大帝圣诞 泰山圣母诞 碧霞元君圣诞 华佗神医先师诞
	廿日	眼光圣母娘娘诞
	廿三	王真君圣诞
	廿五	武安尊王诞
	廿八	神农先帝诞
五月	初一	南极长生大帝圣诞
	初二	梅山福主诞
	初五	地腊之辰 南方雷祖圣诞 温元帅诞
	十一	城隍爷圣诞
	十二	炳灵公诞

月份	日期	节名
	十三	关平帝君圣诞
	十八	张天师圣诞（一说三月十五）
	廿日	马祖丹阳真人圣诞
	廿九	紫青白祖师圣诞
六月	初六	龙母娘娘诞
	初十	刘海蟾帝君圣诞
	十一	井泉龙王诞
	十二	彭祖诞
	十五	王灵天君圣诞
	十六	马仙诞
	十九	慈航观音扁鹊高真人诞
	廿日	斗姆元君圣诞
	廿二	火德真君（火神爷）诞
	廿三	火神圣诞
	廿四	南极大帝中方雷祖圣诞 关圣帝君圣诞
	廿六	郎真君圣诞 妙道真君之诞
	廿八	南岳大帝诞
七月	初六	康元帅诞
	初七	道德腊之辰、魁星诞
	初十	铁拐李诞
	十二	西方雷祖圣诞
	十五	中元地官大帝圣诞 灵济真君诞

月份	日期	节名
	十八	王母娘娘圣诞
	十九	值年太岁星君圣诞
	廿日	刘祖长生真人圣诞
	廿二	马元帅圣诞
	廿三	诸葛武侯诞
	廿四	郑仙诞
	廿五	齐天大圣诞
	廿六	张三丰祖师圣诞
	廿七	玉清黄老诞
	廿八	马元帅诞
八月	初一	许府真君（许旌阳）诞
	初二	妙海真君诞
	初三	九天司命灶君诞 北斗星君圣诞
	初五	北方雷祖圣诞
	初八	瑶池大会
	初十	北岳大帝
	十五	太阴星君诞 曹国舅祖师圣诞
	廿七	北斗下降之辰
	廿八	寥一真人诞
九月	初一	南斗行君诞、飞天大圣诞
	初五	斗姆元君诞

月份	日期	节名
	初九	初一至九，北斗九星降世辰
		斗姥元君九皇星君 重阳帝君玄天上帝飞升 中坛元帅丰都大帝圣诞
	十七	金龙四大王诞
	十八	马元帅诞
	廿二	增福财神诞 太乙真人诞
	廿三	萨翁真君圣诞
	廿六	华光大帝诞
	廿八	显灵官马元帅圣诞
十月	初一	民岁腊之辰 东皇大帝圣诞
	初三	三茅应化真君圣诞
	初五	风神诞
	初六	天曹诸司五岳五帝圣诞
	初十	张果老圣诞
	十五	下元水官大帝圣诞
	十八	地母娘娘圣诞
	十九	长春邱真君飞升
	廿日	虚靖天师诞
	廿三	周仓将军诞
	廿五	感天大帝诞
	廿七	北极紫微大帝圣诞
十一	初一	南岳大帝诞

月份	日期	节名
	初六	西岳大帝圣诞
	初九	湘子韩祖圣诞
	十一	太乙救苦天尊圣诞
	廿日	雨神圣诞
	廿三	南斗下降之辰、张仙诞
	廿六	北方五道圣诞
	廿七	董公真仙诞
十二	初八	王侯腊之辰
	十二	北极罡星君圣诞 王重阳祖师诞（一说廿二日）
	十六	福德正神之诞 南岳大帝圣诞
	廿日	鲁班先师圣诞
	廿一	天猷上帝圣诞
	廿二	丹阳马真君成道
	廿四	司命灶君上天朝玉帝奏入善恶
	廿五	接玉皇大帝下驾
	廿九	清净孙真君成道日

附录二　佛教主要节日

月份	日期	节日
正月	初一	弥勒佛圣诞
	初六	定光佛圣诞
二月	初八	释迦牟尼佛出家 藏传佛教亮宝节
	十五	释迦牟尼佛涅槃
	十九	观世音菩萨圣诞
	廿一	普贤菩萨圣诞
	廿九	（藏历二月廿九日）驱鬼节
	三十	（藏历二月三十日）丝邦节
		（傣历二月）豪干节
三月	十六	准提菩萨圣诞
四月	初四	文殊菩萨圣诞
	初八	释迦牟尼佛圣诞
	十五	（藏历四月十五日）萨嘎达瓦节
五月	十三	伽蓝菩萨圣诞
	十四	（藏历五月十四—廿四）林卡节
		（阳历五月月圆日）卫佛节
六月	初三	护法韦驮尊天菩萨圣诞
	初四	（藏历六月四日）初转法轮节
	十九	观世音菩萨成道
	廿九	（藏历六月廿九—七月五日）雪顿节

月份	日期	节日
		（傣历六月）泼水节
七月	十三	大势至菩萨圣诞
	十五	盂兰盆节
	廿四	龙树菩萨圣诞
	三十	地藏菩萨圣诞
八月	廿二	燃灯佛圣诞
九月	十五	（藏历娄宿月九月白分十五日）白天回降节 （傣历九月十五—十二月十五日）关门节、开门节
	十九	观世音菩萨出家
	三十	药师琉璃光佛圣诞
十月	初五	达摩祖师圣诞
	十五	（藏历十月十五日）吉祥天女游行节
	廿五	（藏历十月廿五日）燃灯节
十一月	十七	阿弥陀佛圣诞
十二月	初八	释迦牟尼佛成道日
	廿九	华严菩萨圣诞

节日览胜

242

附录三　联合国国际日

1月	
1月27日	缅怀大屠杀受难者纪念日
2月	
2月4日	世界癌症日
2月6日	切割女性生殖器零容忍国际日
2月13日	世界无线电日
2月20日	世界社会公正日
2月21日	国际母语日
3月	
3月1日	零歧视日（联合国艾滋病规划署）
3月3日	世界野生动植物日
3月8日	国际妇女节
3月21日	国际森林日
3月21日	消除种族歧视国际日
3月21日	世界诗歌日
3月21日	国际诺鲁孜节
3月21日	世界唐氏综合症日
3月22日	世界水日
3月23日	世界气象日
3月24日	世界防治结核病日
3月24日	了解严重侵犯人权行为真相权利和维护受害者尊严国际日
3月25日	奴隶制和跨大西洋贩卖奴隶行为受害者国际日

3月25日	声援被拘留或失踪工作人员国际日
4月	
4月2日	世界提高自闭症意识日
4月4日	国际提高地雷意识和协助地雷行动日
4月6日	体育促进发展与和平国际日
4月7日	卢旺达境内灭绝种族罪行国际反思日
4月7日	世界卫生日
4月12日	载人空间飞行国际日
4月22日	国际地球母亲日
4月23日	世界书籍与版权日
4月25日	世界防治疟疾日
4月26日	世界知识产权日
4月28日	世界工作安全与健康日
4月29日	化学战受害者纪念日
4月30日	国际爵士乐日
5月	
5月3日	世界新闻自由日
5月月圆日	联合国卫塞节
5月8日和9日	缅怀第二次世界大战的所有死难者的悼念与和解的时刻
5月11日和12日	世界候鸟日
5月15日	国际家庭日
5月17日	世界电信和信息社会日
5月21日	世界文化多样性促进对话和发展日
5月22日	生物多样性国际日
5月23日	根除产科瘘国际日

5月29日	联合国维持和平人员国际日
5月31日	世界无烟日
6月	
6月1日	全球父母节
6月4日	受侵略戕害的无辜儿童国际日
6月5日	世界环境日
6月8日	世界海洋日
6月12日	世界无童工日
6月14日	世界献血者日
6月15日	认识虐待老年人问题世界日
6月17日	防治荒漠化和干旱世界日
6月20日	世界难民日
6月23日	联合国公务员日
6月23日	国际丧偶妇女日
6月25日	海员日
6月26日	禁止药物滥用和非法贩运国际日
6月26日	支援酷刑受害者国际日
7月	
7月第一个周六	世界合作社日
7月11日	世界人口日
7月18日	纳尔逊·曼德拉国际日
7月28日	世界肝炎日
7月30日	国际友谊日
8月	
8月9日	世界土著人民国际日

附录三　联合国国际日

8月12日	国际青年日
8月19日	世界人道主义日
8月23日	贩卖黑奴及其废除的国际纪念日
8月29日	禁止核试验国际日
8月30日	强迫失踪受害者国际日
9月	
9月5日	国际慈善日
9月8日	国际扫盲日
9月10日	世界预防自杀日
9月12日	联合国南南合作日
9月15日	国际民主日
9月16日	保护臭氧层国际日
9月21日	国际和平日
9月最后一个星期日	世界心脏日
9月27日	世界旅游日
9月28日	世界狂犬病日
9月最后一周某日	世界海事日
10月	
10月1日	国际老年人日
10月2日	国际非暴力日
10月5日	世界教师日
10月第一个星期一	世界人居日
10月9日	世界邮政日
10月10日	世界精神卫生日
10月11日	国际女童日

10月13日	国际减灾日
10月第二个星期四	世界爱眼日
10月15日	国际农村妇女日
10月16日	世界粮食日
10月17日	消除贫穷国际日
10月24日	世界发展宣传日
10月24日	联合国日
10月27日	世界音像遗产日
11月	
11月6日	防止战争和武装冲突糟蹋环境国际日
11月10日	争取和平与发展世界科学日
11月14日	世界糖尿病日
11月16日	世界宽容日
11月17日	世界慢性阻塞性肺病日
11月第三个星期四	世界哲学日
11月20日	非洲工业化日
11月20日	国际儿童日
11月第三个周日	世界道路交通事故受害者纪念日
11月21日	世界电视日
11月25日	消除对妇女的暴力行为国际日
11月29日	声援巴勒斯坦人民国际日
12月	
12月1日	世界艾滋病日
12月2日	废除奴隶制国际日
12月3日	国际残疾人日

附录三 联合国国际日

12月5日	国际志愿者日
12月5日	世界土壤日
12月7日	国际民航日
12月9日	国际反腐败日
12月10日	人权日
12月11日	国际山岳日
12月18日	国际移徙者日
12月19日	联合国南南合作日
12月20日	国际人类团结日

节日览胜

图书在版编目（CIP）数据

节日览胜 / 徐忱著. -- 北京：中国文史出版社，
2023.2

ISBN 978-7-5205-3809-1

Ⅰ. ①节… Ⅱ. ①徐… Ⅲ. ①节日-风俗习惯-中国
Ⅳ. ①K892.1

中国版本图书馆 CIP 数据核字（2022）第 185890 号

责任编辑：蔡晓欧

出版发行：中国文史出版社

社　　址：北京市海淀区西八里庄路 69 号院　邮编：100142
电　　话：010-81136606　81136602　81136603（发行部）
传　　真：010-81136655
印　　装：廊坊市海涛印刷有限公司
经　　销：全国新华书店
开　　本：720×1020　1/16
印　　张：16　　　字数：201 千字
版　　次：2023 年 2 月第 1 版
印　　次：2023 年 2 月第 1 次印刷
定　　价：55.00 元